| 国别知识产权与竞争法译注导读丛书 |

德国商业秘密保护法

译注与导读

韩赤风 ○ 著

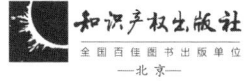

全国百佳图书出版单位

—北京—

图书在版编目（CIP）数据

德国商业秘密保护法译注与导读 / 韩赤风著. —北京：知识产权出版社，2025.1.
（国别知识产权与竞争法译注导读丛书）. — ISBN 978-7-5130-9629-4

Ⅰ. D951.634
中国国家版本馆CIP数据核字第2024DK5062号

责任编辑：李陵书　　　　　　　　　　责任校对：谷　洋
封面设计：研美设计　　　　　　　　　责任印制：刘译文

德国商业秘密保护法译注与导读
韩赤风　著

出版发行：知识产权出版社 有限责任公司	网　　址：http：//www.ipph.cn
社　　址：北京市海淀区气象路50号院	邮　　编：100081
责编电话：010-82000860 转 8165	责编邮箱：lilingshu_1985@163.com
发行电话：010-82000860 转 8101/8102	发行传真：010-82000893/82005070/82000270
印　　刷：三河市国英印务有限公司	经　　销：新华书店、各大网上书店及相关专业书店
开　　本：720mm×1000mm　1/16	印　　张：14.75
版　　次：2025年1月第1版	印　　次：2025年1月第1次印刷
字　　数：205千字	定　　价：78.00元
ISBN 978-7-5130-9629-4	

出版权专有　　侵权必究
如有印装质量问题，本社负责调换。

作者简介

韩赤风（Han Chifeng），北京师范大学法学院教授、博士生导师。1992年获中国人民大学法学硕士学位，[1] 2001年获德国慕尼黑大学法学博士学位。[2] 曾任辽宁省高级人民法院助理审判员，上海交通大学法学院教授、博士生导师，同济大学知识产权学院教授、博士生导师，多家上市公司及金融公司独立董事。2004年两次赴香港为香港律师讲授内地法律；2005年前往德国马克斯·普朗克知识产权、竞争与税法研究所从事短期学术交流；2017年作为领队之一

---

1 1989—1992年作者在中国人民大学学习，导师为中国人民大学知识产权法和国际经济法教授郭寿康先生（曾任联合国教科文组织版权与邻接权教席主持人）。

2 1997—2001年作者在德国慕尼黑大学学习，导师为慕尼黑大学法学院工业产权保护与著作权法教授格哈德·施里克（Gerhard Schricker）先生，他时任德国马克斯·普朗克外国与国际专利、著作权与竞争法研究所（Max-Planck-Institut für ausländisches und internationales Patent-, Urheber- und Wettbewerbsrecht；2013年更名为Max-Planck-Institut für Innovation und Wettbewerb，即马克斯·普朗克创新与竞争研究所）所长。

带领学生前往美国埃默里大学实习；2019年前往巴西圣保罗从事学术交流。现为中国仲裁法学研究会知识产权仲裁理论研究专业委员会主任委员、中国知识产权研究会高级会员。2005年入选国家知识产权战略专家库；2015年受聘为中国博物馆协会法律专业委员会专家委员。作为特邀专家多次参加国家及省部级社科项目评审工作。先后担任海南仲裁委员会、北京仲裁委员会、绵阳仲裁委员会、德阳仲裁委员会、丹东仲裁委员会、廊坊仲裁委员会、绥化仲裁委员会及珠海国际仲裁院等多家仲裁机构的仲裁员，审结案件百余件。主要研究方向：知识产权与竞争法、合同法、国际技术转让法、欧盟法律、德国工业产权保护与著作权法、德国私法及比较法。主要研究成果：在德国出版过专著和文集；2005年担任《知识产权法》主编（清华大学出版社）；2010年担任编辑委员会主任组织完成《中外商标法经典案例》《中外著作权法经典案例》《中外专利法经典案例》《中外反不正当竞争法经典案例》《中外反垄断法经典案例》五卷本"中外知识产权与竞争法经典案例研究丛书"（知识产权出版社）；2011年担任编辑委员会主任组织完成《中外侵权法经典案例评析》《中外合同法经典案例评析》《中外物权与财产法经典案例评析》《中外知识产权法经典案例评析》《中外竞争法经典案例评析》五卷本"中外民商经济法经典案例评析丛书"（法律出版社）；2012年主编《京师知识产权法论丛》（北京师范大学出版社）；2013年主编《文化创意产业法律评论》第一卷（法律出版社）；2013年担任编辑委员会主任组织完成《文化创意产业法律经典案例评析》第一卷；2014年出版专著《德国知识产权与竞争法经典案例评析》（法律出版社）。2015年担任《文化创意企业法律实务手册》执行主编。作为主持人先后完成北京市哲学社会科学规划项目、国家知识产权局软科学项目和重大专项研究项目。在德国《工业产权保护与著作权（国际版）》，韩国《庆南法学》，以及我国《中国法学》《比较法研究》《法商研究》《法学》《人民司法》《知识产权》《中国版权》《中国律师》《世界科技研究与发展》《北京师范大学学报》《辽宁大学学报》《法治研究》《法治日报》《中国知识产权报》等杂志和报刊上发表论文和文章60余篇，代表作主要有：《反不正当竞争法的完善与知识产权保护》《当代德国法学教育及其启示》《对DVD事件中知识产权滥用的法律思考》《精神损害赔偿制度的划时代变革——〈德国民法典〉抚慰金条款的调整及其意义与启示》《德国法律对艺术伪造行为的规制——兼与我国相关法律的比较》《德国追续权制度及其借鉴》《互联网服务提供者的义务与责任——以〈德国电信媒体法〉为视角》《王致和案：一个未在德国注册的中国驰名商标获得有限保护的启示——对德国慕尼黑高等法院第29 U 5712/07号判决的评析》《德国仲裁临时措施制度及其借鉴》等。

序　言

对于国别知识产权与竞争法研究来说，学科的发展在2022年9月迎来了重大转机。2022年9月13日，国务院学位委员会、教育部颁发了《研究生教育学科专业目录（2022年）》，正式将"区域国别学"列为"交叉学科"目录下的一级学科。[1] 依据该文件，"区域国别学"可授予经济学、法学、文学、历史学学位。这样一来，在"区域国别学"下就会区分为不同的学科，国别知识产权与竞争法作为"区域国别法"的组成部分纳入其下则是应有之义。此外，该文件还将"知识产权"首次列为独立的一级学科。从该学科建设及发展来看，将国别知识产权与竞争法研究列为其一个重要研究方向不仅是必要的，也是

---

[1] 见国务院学位委员会、教育部关于印发《研究生教育学科专业目录（2022年）》《研究生教育学科专业目录管理办法》的通知附件1，载教育部网（http://www.moe.gov.cn/srcsite/A22/moe_833/202209/t20220914_660828.html），2024年2月3日访问。

可行的。

　　在当下的中国，国别知识产权与竞争法研究还具有非常现实的意义。根据商务部的统计，2023年1月至12月，非金融类对外直接投资涉及国家/地区155个、企业7913家、金额1301.3亿美元，对外劳务合作派出总人数34.7万人（承包工程项下派出11.1万人、劳务合作项下派出23.6万人），对外承包工程完成营业额1609.1亿美元、新签合同额2645.1亿美元；2022年全年，中国服务出口额为28522.4亿元人民币。[1] 因此，对于"走出去"的中国企业来说，深入了解区域国别法包括国别知识产权与竞争法是"知彼"的重要途径。只有做到"知彼"，才能更好地在海外合规经营并依法维护自身权益。对此，区域国别法包括国别知识产权与竞争法研究已非纸上谈兵。

　　从比较法研究的角度看，国别知识产权与竞争法研究也具有重要价值。《知识产权强国建设纲要（2021—2035年）》明确提出，制定修改强化商业秘密保护方面的法律法规。[2] 以德国《商

1　数据来源于商务部商务数据中心（http://data.mofcom.gov.cn/index.shtml），2024年2月3日访问。

2　见《知识产权强国建设纲要（2021—2035年）》，载中国政府网（https://www.gov.cn/zhengce/2021-09/22/content_5638714.htm?eqid=8f-141c1b000487b6000000026463aa4e），2024年2月3日访问。

序 言

业秘密保护法》（Gesetz zum Schutz von Geschäftsgeheimnissen，缩写为 GeschGehG）为例，对其深入研究，可以使我们了解域外商业秘密保护的现状及发展趋势并借鉴相关有价值的经验为我所用。[1] 第一，商业秘密已经成为法律保护的独立客体。在该法颁布之前，侵犯商业秘密行为在德国被视为一种不正当竞争行为，且由德国《反不正当竞争法》（Gesetz gegen den unlauteren Wettbewerb，缩写为UWG）规制。[2] 伴随该法的颁布，商业秘密开始成为法律保护的独立客体。由于德国《反不正当竞争法》的适用总是以当事人之间存在竞争关系为前提，使得商业秘密的保护受到一定限制。然而，该法对商业秘密的保护却摆脱了这样的限制。就此而言，该法扩大了对商业秘密的保护。第二，该法对商业秘密的界定保留了德国原有立场。不同于欧盟

---

1 在德国颁布《商业秘密保护法》后，商业秘密保护就脱离了《反不正当竞争法》。此外，按照德国立法者的解读，商业秘密并不等同于知识产权。因此，在德国商业秘密保护法已经成为与知识产权法、反不正当竞争法相并列的特别私法。考虑到国内的分类习惯，这里仍将商业秘密保护法归类为知识产权与竞争法。关于德国《商业秘密保护法》的注释，见导读引言注释[7]。

2 关于德国《反不正当竞争法》的注释，见导读引言注释[4]。

德国商业秘密保护法 译注与导读

《指令》[1]和《与贸易有关的知识产权协定》（简称《TRIPS协定》），该法将"正当性"作为商业秘密的构成要件之一，与以往立场保持一致。第三，对侵犯商业秘密行为的认定采用列举加概括的方式，确保不遗漏每一种侵权行为。第四，通过明确"允许"行为和"例外"行为，该法加强了对合法行为的保护。第五，该法以请求权为核心全面构建了对商业秘密的私法保护，一改以往民事保护的空白；同时通过请求权排除、请求权规避、请求权滥用禁止以及请求权消灭时效的规定对请求权加以限制。第六，该法通过相应调整保留了德国《反不正当竞争法》原来对那些严重侵犯商业秘密行为的刑事处罚规定，但同时不排除德国《刑法典》（Strafgesetzbuch，缩写为StGB）相关规定的适用。第七，该法还在程序上强化了对商业秘密的保护。"他山之石，可以攻玉。"显然，这样的现状与发展趋势，值得我们在制定修改强化商业秘密保护方面的法律法规时予以考虑和加以借鉴。

还有一点在此需要特别强调，那就是区域国别法包括国别知识产权与竞争法研究将有助于加快培养具有国际视野并精通国际法、国别法的涉外法治紧缺人才。2023年2月，中共中央

---

1 此处"欧盟《指令》"指《关于保护未披露的技术诀窍和商业信息（商业秘密）防止非法获取、使用和披露第2016/943号（欧盟）指令》，其注释见导读引言注释[1]。

办公厅、国务院办公厅印发了《关于加强新时代法学教育和法学理论研究的意见》（以下简称《意见》）。[1]《意见》（九）明确提出了"完善涉外法学相关学科专业设置""加快培养具有国际视野，精通国际法、国别法的涉外法治紧缺人才"。要完成这样的任务，必须加强并加快国际法、国别法、比较法的研究。否则，涉外法治紧缺人才的培养难以落地。

一般说来，国别知识产权与竞争法的范围可以从两个方面加以理解：其一，从法律范围方面理解。所谓法律范围是指在国别知识产权与竞争法之下，还覆盖哪些法律。根据作者的了解，还可以包括专利法（客体为发明）、实用新型法、外观设计法、著作权法/版权法、出版法、商标法、反不正当竞争法、反垄断法/反限制竞争法、商业秘密保护法等，并且视各国情况有所不同。其二，从国别范围方面理解。据统计，联合国目前有193个会员国，世界知识产权组织（WIPO）目前也有193个成员国。[2] 就此而言，国别知识产权与竞争法涉及的范围极为广

---

[1] 见《关于加强新时代法学教育和法学理论研究的意见》"（九）优化法学学科体系"，载中国政府网（https://www.gov.cn/zhengce/2023-02/26/content_5743383.htm），2024年2月5日访问。

[2] 数据分别来源于联合国官网（https://www.un.org/zh/about-us/growth-in-un-membership）和世界知识产权组织官网（https://www.wipo.int/about-wipo/zh/），2024年2月11日访问。

泛，对其研究可谓空间广阔、任重道远。

与以往采用翻译加注释的方式或仅采用解读的方式来呈现国别法研究成果不同，[1]本丛书首次尝试采用翻译、注释加导读的方式来呈现国别知识产权与竞争法研究成果。因为这种方式既可以避免前者只提供法律译文、不做解读的不足，也可避免后者只做解读、不提供法律译文的缺憾。通过翻译、注释和导读的结合，使读者既可全面把握法律译文本身，又可深入了解其产生背景、发展脉络和主要内容，特别是把握其内在体系及隐藏在法律条文后面的立法意图。对于刚开始接触国别法的读者来说，导读的作用不可忽视。虽然这种方式增加了撰写难度，且延长了写作时间，但却方便了读者在短时间内快速理解国别法的核心内容。因此，对于呈现国别法研究成果来说，这是一个值得尝试的撰写方式。

"一花独放不是春，百花齐放春满园。""国别知识产权与竞争法译注导读丛书"是一个开放性的系列。我们期待未来能有更多的学者，特别是青年学者加入国别知识产权与竞争法研究的队伍中来，并成为本丛书的系列作者之一。只有这样，

---

[1] 前者如出版社出版的各种法律译丛，后者如期刊发表的国别法研究论文。

国别知识产权与竞争法研究才能得到可持续的发展，并结出丰硕成果。

丛书主编 韩赤风

2024年2月6日于北京

作者说明

近年来，中国企业以并购、参股等形式在德国投资成效显著。根据中国商务部统计，2021年中国对德国直接投资流量为27.1亿美元。截至2021年年底，中国对德国直接投资存量为167亿美元。在德国的中资企业超过2000家，集中在机械制造、运输、汽车零配件、新能源、电信和贸易等领域。2021年中国企业在德国新签承包工程合同42份，新签合同额6.74亿美元，完成营业额8.13亿美元。累计派出各类劳务人员1260人，年末在德国劳务人员2202人。[1] 可以说，作为丛书德国卷的首册，本书对于在德中资企业及各类劳务人员了解德国《商业秘密保护法》将有直接的帮助。对于商业秘密保护的比较法研究，本书也提供了难得的国别法素材。本书既可以作为区域国别法或国别知识产

---

1 商务部国际贸易经济合作研究院、中国驻德国大使馆经济商务处、商务部对外投资和经济合作司：《对外投资合作国别（地区）指南——德国（2022年版）》，第31页至第32页。

权与竞争法课程的教材或参考书，也可供实务部门参考，还可作为中资企业员工及各类劳务人员出国前的培训教材。

本丛书的编写得到了知识产权出版社的大力支持，特别是本书作为丛书德国卷第一册的出版得到了李陵书编辑的悉心指导和帮助。同时，本丛书作者团队的组建得到了《中国知识产权报》李铎编辑的全力支持。假如没有出版社和报社的鼎力支持和各位编辑的努力，本丛书作者团队的组建以及本书的出版，应该都不会这么快落地。对此，作者表示最诚挚的感谢！

对于本书的不足之处，欢迎读者批评指正。

Gesetz zum Schutz von Geschäftsgeheimnissen
德国商业秘密保护法 | 译注与导读

目录

第一部分
导读

一、引 言 002

二、商业秘密的界定 011

（一）定义产生的背景 011

（二）商业秘密界定的前提条件 012

（三）商业秘密的构成要件 012

三、侵犯商业秘密行为的认定 022

（一）允许的行为 022

（二）禁止的行为 024

（三）禁止行为的例外 033

四、以请求权为核心构建的私法保护 039

（一）请求权的分类 040

（二）各种请求权 042

（三）请求权的限制　056

五、商业秘密刑事保护　072

（一）商业秘密刑事保护的基本规定　073

（二）商业秘密刑事保护的补充规定　080

六、商业秘密保护的程序规定　083

（一）事务管辖、地域管辖与法规授权　083

（二）商业秘密在程序中的保护　084

（三）判决的公布　091

（四）诉讼标的金额的优惠　092

七、新法的影响及后续动态　101

第二部分

德国《商业秘密保护法》翻译与注释

第一章　总　则　106

第1条　适用范围　106

第2条　定　义　107

第3条　允许的行为　107

第4条　禁止的行为　108

第5条　例　外　109

第二章　基于侵权发生的请求权　116

第6条　除去妨害与不作为　116

目 录

第7条　销毁、返还、召回、从市场移除和撤回　116

第8条　对侵权产品提供资讯；违反提供资讯义务的损害赔偿　117

第9条　基于不成比例的请求权排除　117

第10条　侵权人责任　118

第11条　金钱补偿　118

第12条　企业主责任　119

第13条　普通消灭时效届满后的返还请求权　119

第14条　滥用的禁止　120

第三章　商业秘密争议案件程序　126

第15条　事务管辖和地域管辖；法规之授权　126

第16条　保　密　126

第17条　秩序措施　127

第18条　程序结束后的保密　127

第19条　其他司法限制　128

第20条　根据第16条至第19条采取措施的程序　129

第21条　判决的公布　130

第22条　诉讼标的金额的优惠　131

第四章　刑罚规定　139

第23条　侵犯商业秘密　139

第三部分

附 录

一、德国《商业秘密保护法》（原文） 144

二、单项请求权审查方法及公式简释 171

三、基于请求权基础思考方法的案例解析六步法 180

四、案例解析六步法示例与训练 184

五、中德法律术语索引 199

六、德文缩写索引 207

后　记 210

第一部分 导读

德国商业秘密保护法 Gesetz zum Schutz von Geschäftsgeheimnissen 译注与导读

一、引　言

2016年6月8日，欧洲议会（Europäisches Parlament）和欧洲理事会（Europäischer Rat）颁布了《关于保护未披露的技术诀窍和商业信息（商业秘密）防止非法获取、使用和披露第2016/943号（欧盟）指令》（以下简称《指令》）。[1]该《指令》立法理由说明（1）—（9）对其出台的主要理由作出以下说明：第一，商业秘密对于企业的竞争力以及研发和创新绩效具有极为重要的意义。第二，商业秘密是企业保护创新的常用方式，但其在欧盟法律框架内受到的保护却最少。第三，创新型企业越来越多地受到旨在非法盗用商业秘密的不公平做法的影响。如不对其加以保护，商业秘密作为经济增长和就业驱动力的潜力将无法实现。第四，《TRIPS协定》已为商业秘密保护提供了标准。第五，成员国的法律在保护商业秘密方面存在重大差异并导致了多方面的不利影响。[2]通过《指令》的颁布，欧盟立法者希望以此实现对企业特别是中小企业的保护及在欧盟区域内统一商业秘密保护规范并加强商业秘密的民事保护等立法目的。《指令》明确要求：成员国应在2018年6月9日之前通过制定相应的法律或法规实施该《指令》。[3]

在2019年4月26日之前，德国主要通过《反不正当竞争法》第17条【泄露商业秘密和经营秘密】（Verrat von Geschäfts- und Betriebsgeheimnissen）、第18条【样品的利用】（Verwertung von Vorlagen）及第19条【诱使泄密和自愿泄密】（Verleiten und Erbieten zum Verrat）的刑罚规定（Strafvorschriften）为商业秘密提供刑事保护，同时通过德国《民法典》（Bürgerliches Gesetzbuch，缩写为BGB）第823条【损害赔偿义务】（Schadensersatzpflicht）、第826条【违反善良风俗之故意损害】（Sittenwidrige vorsätzliche Schädigung）以及必要时结合第1004条【除去妨害与不作为请求权】（Beseitigungs- und Unterlassungsanspruch）的类推适用为商业秘密提供民事保护。[4]可见，当时的德国《反不正当竞争法》本身已无法为商业秘密提供民事保护，对其民事保护只能借助作为一般私法的德国《民法典》才能实现。不过，如果将时间追溯至2004年之前，法律状态略有不同，因为彼时的德国《反不正当竞争法》还保留有"一般条款"（Generalklausel）。[5]如果行为人的行为违反了该法第17条的规定且同时构成第1条【一般条款】（Generalklausel）中的"不当利用他人劳动成果"

（Ausbeutung）或"不当阻碍竞争对手"（Behinderung）行为，受害人因其商业秘密受到侵害可根据该条向行为人主张不作为请求权和损害赔偿请求权。[6]德国法院则可基于原告提出的"请求"通过审理并在认定侵权后适用该一般条款为商业秘密提供民事保护。然而，到了2004年该法修改之后，由于第1条被废止，法院只能在必要时借助德国《民法典》第1004条并通过类推适用为商业秘密提供相应的民事保护。显然，这样的法律状态已无法满足《指令》的要求。

作为欧盟成员国的德国当然无法拒绝《指令》，其必须按照《指令》调整本国法律。但对于怎样调整，想必当时的德国立法者面临着一系列"纠结"的选择。首先，立法者应仅通过对德国《反不正当竞争法》的补充来实现《指令》的要求，还是需要通过单独立法来实现《指令》的要求？由于《指令》作为一部单行法所具有的体系性及复杂性，将其直接嵌入德国《反不正当竞争法》势必导致内容的不协调。此外，侵犯商业秘密的行为有时可与不正当竞争行为竞合，但其未必就一定是不正当竞争行为。因此，前者很难实现《指令》的要求，立法者只能考虑单独立法。其次，如果选择单独立法，如何处理德国《反不正当竞争法》原有的刑罚规定？对此，立法者可有三种选择：其一，完全放弃原有的刑罚规定；其二，完全保留原有的刑罚规定，不作任何修改；其三，保留刑罚规定，但须对原有的刑罚规定作出修改，以便其适应新法体系。最后，立法者对于《指令》的态度也有三种选择：一是全盘照搬《指令》；二是部分照搬《指令》，但不必考虑将其与本国法律制度相融合；三是部分移植《指令》，但同时将其与本国法律制度充分融合。随着德国《商业秘密保护法》于2019年4月26日的颁布，[7]德国立法者的选择终于有了明确的结果。由此可见，该法的产生并非源于德国内部的动力，而是外部力量推动的结果。假如没有欧盟《指令》的出台，根据作者的猜测，德国对商业秘密的保护大概率还会保持原有的法律状态。

即使明确了上述选择，即采取单独立法、保留刑罚规定并对其作适当调整以及将《指令》与本国法律制度充分融合，但对于如何安排新法的体例结构，仍然是立法者需要进一步考虑的问题。对此，立法者也有三种方案可供选择：其一，新法完全采用《指令》的体例结构；其二，新法完全采用德国《反不正当竞争法》的体例结构；其三，新法应在德国《反不正当竞争法》原有体例结构基础之上融入《指令》及本国实体法和程序法的内容。[8]最终，立法者选择了最后一个方案，即以2004年7月3日颁布的德国《反不正当竞争法》前四章体例结构为基础，然后融入《指令》以及本国实体法和程序法的相关规定，并对各章标题作出适当调整，从而形成一部全新的法律。德国《商业秘密保护法》第一章为"总则"（Allgemeines），有五个条文，分别对该法的适用范围、商业秘密等概念、允许的行为、禁止的行为以及禁止行为的"例外"作出规定。[9]除个别之处不同外，该章直接移植了《指令》第1条至第5条。第二章为"基于侵权发生的请求权"（Ansprüche bei Rechtsverletzungen），共有九个条文，对以请求权为核心构建的商业秘密私法保护作出详细规定。该章在考虑《指令》要求的前提下以德国私法请求权制度为基础对民事救济进行了重新构建，构成该法的核心。第三章为"商业秘密争议案件程序"（Verfahren in Geschäftsgeheimnisstreitsachen），包括八个条文，对相关程序作出规定。该章融合了《指令》以及本国程序法的相关规定。第四章为"刑罚规定"（Strafvorschriften），仅有一个条文，包括八款，对侵犯商业秘密刑事保护作出详细规定。虽然该章仍然保留了2004年德国《反不正当竞争法》第四章"刑罚规定"的标题，但立法者已经根据新法的规定对其内容作出了重大调整。

根据该法的体例结构和内在逻辑以及作者对该法的理解，作者将从"商业秘密的界定""侵犯商业秘密行为的认定""以请求权为核心构建的私法保护""商业秘密刑事保护""商业秘密保护的程序规定""新法的影响及后续动态"六个方面展开导读，同时加入详细的注释，以便读者理解该法的核心内容。对于一些内容复杂条文的理解，则通过条文注释的方法加以解决。译文向读者呈现原法，译文注释将使读者从细节之处理解该法的条文，导读则使读者从整体上把握该法的核心内容。通过译文、注释、导读三者的有机结合，作者期望读者能够全面、准确地理解该法的内容。

|注 释|

[1]《指令》的德文全称为"RICHTLINIE (EU) 2016/943 DES EUROPÄISCHEN PARLAMENTS UND DES RATES vom 8. Juni 2016 über den Schutz vertraulichen Know-hows und vertraulicher Geschäftsinformationen (Geschäftsgeheimnisse) vor rechtswidrigem Erwerb sowie rechtswidriger Nutzung und Offenlegung"。《指令》标题中的"获取"、"使用"和"披露"的德文分别为"Erwerb"、"Nutzung"和"Offenlegung"。Vgl. RICHTLINIE (EU) 2016/943 DES EUROPÄISCHEN PARLAMENTS UND DES RATES vom 8. Juni 2016 über den Schutz vertraulichen Know-hows und vertraulicher Geschäftsinformationen (Geschäftsgeheimnisse) vor rechtswidrigem Erwerb sowie rechtswidriger Nutzung und Offenlegung, Amtsblatt der Europäischen Union DE 15.6.2016, L 157/1-18.

[2]《指令》由立法理由说明和正文两部分组成，其中立法理由说明有40项，正文则包括21个条文，总页数为18页。Vgl. RICHTLINIE (EU) 2016/943 DES EUROPÄISCHEN PARLAMENTS UND DES RATES vom 8. Juni 2016 über den Schutz vertraulichen Know-hows und vertraulicher Geschäftsinformationen (Geschäftsgeheimnisse) vor rechtswidrigem Erwerb sowie rechtswidriger Nutzung und Offenlegung, in Erwägung nachstehender Gründe (1)-(9), Amtsblatt der Europäischen Union DE 15.6.2016, L 157/1-3. 商务部世界贸易组织司（中国政府世界贸易组织通报咨询局）：《TRIPS协定》全文（2017年1月23日修正），来源于商务部世界贸易组织司（中国政府世界贸易组织通报咨询局）（http://sms.mofcom.gov.cn/article/wtofile/201703/20170302538505.shtml），2023年10月18日访问。

[3] Vgl. RICHTLINIE (EU) 2016/943 DES EUROPÄISCHEN

PARLAMENTS UND DES RATES vom 8. Juni 2016 über den Schutz vertraulichen Know-hows und vertraulicher Geschäftsinformationen (Geschäftsgeheimnisse) vor rechtswidrigem Erwerb sowie rechtswidriger Nutzung und Offenlegung, Artikel 19 Umsetzung, Amtsblatt der Europäischen Union DE 15.6.2016, L 157/18.

[4] Vgl. Entwurf eines Gesetzes zur Umsetzung der Richtlinie (EU) 2016/943 zum Schutz von Geschäftsgeheimnissen vor rechtswidrigem Erwerb sowie rechtswidriger Nutzung und Offenlegung (Drucksache 19/4724), S. 1. 2019年4月18日修订后的德国《反不正当竞争法》第17条至第19条被废止；目前该法第17条和第18条被标示为"废止"（weggefallen），第19条条文名称则被更换为"Bußgeldvorschriften bei einem weitverbreiteten Verstoß und einem weitverbreiteten Verstoß mit Unions-Dimension"。Vgl. Gesetz zur Umsetzung der Richtlinie (EU) 2016/943 zum Schutz von Geschäftsgeheimnissen vor rechtswidrigem Erwerb sowie rechtswidriger Nutzung und Offenlegung vom 18. April 2019, S 472; Gesetz gegen den unlauteren Wettbewerb in der Fassung der Bekanntmachung vom 3. März 2010 (BGBl. I S. 254), das zuletzt durch Artikel 13 des Gesetzes vom 8. Oktober 2023 (BGBl. 2023 I Nr. 272) geändert worden ist.

[5] Vgl. Wettbewerbsrecht und Kartellrecht, 22. Auflage 2001, Beck-Texte im dtv, S. 1 f.

[6] Vgl. Baumbach/Hefermehl, Wettbewerbstrecht, 16. Auflage 1990, UWG § 1, S. 346 ff. 参见邵建东：《德国反不正当竞争法研究》，中国人民大学出版社2001年版，第313页。

[7] Vgl. Bundesgesetzblatt Jahrgang 2019 Teil I Nr. 13, ausgegeben zu Bonn am 25. April 2019, S. 466 ff.

[8] 《指令》包括四章，第一章为"对象与适用范围"（Gegenstand und Anwendungsbereich），第二章为"商业秘密的获

取、使用和披露"（Erwerb, Nutzung und Offenlegung von Geschäftsgeheimnissen），第三章为"措施、程序和法律救济"（Maßnahmen, Verfahren und Rechtsbehelfe），第四章为"制裁、报告和最后条款"（Sanktionen, Berichterstattung und Schlussbestimmungen）。2004年7月3日修改后的德国《反不正当竞争法》有五章，第一章为"一般规定"（Allgemeine Bestimmungen），第二章为"法律后果"（Rechtsfolgen），第三章为"程序规定"（Verfahrensvorschriften），第四章为"刑罚规定"（Strafvorschriften），第五章为"最后条款"（Schlussbestimmungen）。2023年10月8日修改后的德国《反不正当竞争法》仅有四章，第一章为"一般规定"（Allgemeine Bestimmungen），第二章为"法律后果"（Rechtsfolgen），第三章为"程序规定"（Verfahrensvorschriften），第四章为"刑罚和罚款规定"（Straf- und Bußgeldvorschriften）。Vgl. RICHTLINIE (EU) 2016/943 DES EUROPÄISCHEN PARLAMENTS UND DES RATES vom 8. Juni 2016 über den Schutz vertraulichen Know-hows und vertraulicher Geschäftsinformationen (Geschäftsgeheimnisse) vor rechtswidrigem Erwerb sowie rechtswidriger Nutzung und Offenlegung, Amtsblatt der Europäischen Union DE 15.6.2016, L 157/1-18; Wettbewerbsrecht und Kartellrecht, 26. Auflage 2005, Beck-Texte im dtv, S. 1 ff. Gesetz gegen den unlauteren Wettbewerb in der Fassung der Bekanntmachung vom 3. März 2010 (BGBl. I S. 254), das zuletzt durch Artikel 13 des Gesetzes vom 8. Oktober 2023 (BGBl. 2023 I Nr. 272) geändert worden ist, S. 1-18.

[9] 该法第2条除了对"商业秘密"作出界定，还对"商业秘密所有人"（Inhaber eines Geschäftsgeheimnisses）、"侵权人"（Rechtsverletzer）、"侵权产品"（rechtsverletzendes Produkt）作出界定。见本书第二部分第一章第2条。

二、商业秘密的界定

（一）定义产生的背景

德国《商业秘密保护法》第1条第1款明确规定该法保护的对象为"商业秘密"（Geschäftsgeheimnis）。因此，界定商业秘密是实现对其保护的第一步。由德国联邦议院2018年10月4日颁布的《实施〈关于保护未披露的技术诀窍和商业信息（商业秘密）防止非法获取、使用和披露第2016/943号（欧盟）指令〉法案的草案（编号19/4724）》（以下简称《草案》）第2条第1项首次对商业秘密作出界定。[1] 对此，立法者明确说明，该定义移植了《指令》第2条，同时也与《TRIPS协定》关于"未披露信息"的定义相一致。[2] 不过，到了德国《商业秘密保护法》正式颁布时，德国立法者对前述定义进行了补充，从而形成了有本土特色的定义。[3]

（二）商业秘密界定的前提条件

与欧盟《指令》及《TRIPS协定》一样，德国《商业秘密保护法》第2条第1项也将商业秘密归入"信息"（Information）的范畴，即商业秘密属于信息。什么是"信息"？立法者对此并没有给出明确的界定。不过，从现有文献看，德国学术界倾向于将其归属于无形财产。在经济学界，有学者认为，其具有无形财产（immaterielles Gut）的特征。[4] 德国企业管理在线辞典则明确将其归入"无形财产"（immaterielle Güter）。[5] 在法学界，也有学者认为，无形财产可以包括有"经济价值"（wirtschaftlicher Wert）的无形财产，而所有人对其无形财产则享有支配权（Herrschaftsrecht）。[6] 正是基于对上述多边贸易协定及相关学说的认同，立法者为商业秘密的保护找到了法律基础。然而，需要注意的是，并非所有的信息都属于商业秘密。商业秘密涉及的信息仅限于技术诀窍、商业信息和技术信息（Know-how, Geschäftsinformationen und technologische Informationen）。[7] 因此，那些不属于上述信息的"信息"被明确地排除在商业秘密之外。

（三）商业秘密的构成要件

与《指令》及《TRIPS协定》的定义相同，《草案》第2条第1项对商业秘密的定义明确了商业秘密的三个构成要件，即商业秘密须具有秘密性、经济价值性及保密性。然而，在后来颁布的德国《商业秘密保护法》中，立法者将保密的正当利益（ein berechtigtes Interesse an der Geheimhaltung）作为商业秘密的一个新构成要件补充进来。这样一来，依据该法商业秘密的构成要件有四个，即商业秘密须具有秘密性、经济价值性、保密性及正当性。根据该法第2条第1项的规定，该法要保护的商业秘密须满足以下构成要件：

1. 商业秘密须具有秘密性

商业秘密须具有秘密性，即商业秘密须是具有秘密性的商业信息。该条第1项a对此作出明确规定。首先，应注意商业秘密的秘密性通常是相对的。[8]特别是当信息涉及技术方面的商业秘密时，一个商业秘密的所有人并不能排除他人通过自己的研发掌握相同的商业秘密。其次，关于商业信息的秘密性的判断。从该条第1项a的规定来看，须从以下要素来判断：其一，该商业信息为非普遍知悉（nicht allgemein bekannt）或不易获得（nicht ohne Weiteres zugänglich）。其二，该商业信息仅对通常处理此类信息的所属领域人员来说是非普遍知悉或不易获得。此处，以通常处理此类信息的所属领域人员作为人员判断标准，其既非所属领域的专家，也非外行。其三，该商业信息非普遍知悉或不易获得的范围既包括信息的整体，也涵盖其各部分的精确排列和组合。此处，有一个问题值得探讨。对于"该信息"在整体上（insgesamt）对通常处理此类信息的所属领域人员来说不是普遍知悉或不易获得，在理解上应该不会存在问题。问题在于，应当如何理解"该信息"在其各部分的精确排列和组合上（in der genauen Anordnung und Zusammensetzung ihrer Bestandteile）对通常处理此类信息的所属领域人员来说不是普遍知悉或不易获得？如果该信息对通常处理此类信息的所属领域人员来说在其各部分上不是普遍知悉或不易获得，则不存在该信息在其各部分的精确排列和组合上是否普遍知悉或是否易于获得（ohne Weiteres zugänglich）的问题。只有出现这种情况时，即该信息对通常处理此类信息的所属领域人员来说在其各部分上是普遍知悉或易于获得，但在其各部分的精确排列和组合上不是普遍知悉或不易获得，才会涉及信息的秘密性。

2. 商业秘密须具有经济价值性

商业秘密须具有经济价值，意味着商业秘密是具有经济价值的商业信息。与《指令》和《TRIPS协定》的定义不同，该条第1项没有将秘密性要件和经济价值性要件明确分开表述，而是将两者都归入第1项a。那么，应如何判断商业信息的经济价值？从该条第1项a的表述看，只要满足了第一个秘密性要件，也就满足了价值性要件。[9]尽管如此，《草案》对此还是作出了进一步的解读：如果一个信息的获取、使用或披露在未经其所有人同意的情况下对其科学或技术潜力、商业或财务利益、战略地位或竞争能力产生不利影响，则该信息具有经济价值。需要注意的是，《指令》立法理由说明（14）也有类似的表述。[10]

3. 商业秘密须具有保密性

商业秘密须具有保密性，是指商业秘密须是经所有人根据具体情况采取适当保密措施的商业信息。[11]依据该条第1项b的规定及《草案》的说明，商业信息保密性的判断须考虑以下要素：首先，采取保密措施的主体须为商业信息的合法所有人。此要素将合法所有人以外的主体排除在外。但这里会有一个问题，被许可人是否也有义务采取适当的保密措施？对此，《草案》明确给出了肯定的答案。[12]其次，商业信息的合法所有人须采取保密措施。究竟应采取哪些保密措施，取决于商业秘密的类型和使用的具体情况。从《草案》的解读来看，通常可以从空间、时间及法律行为等方面考虑采取保密措施，即实施物理访问限制、采取预防措施以及签订保密合同等。具体而言，不必对每条信息分别标注保密，但原则上可以对某些类别的信息采取措施（例如，设置技术访问障碍）或通过一般内部守则和指南或在雇佣合同中预先作出保密规定。[13] 最后，商业信息的合法所有人采取的保密措施须适当。保密措施是否适当，亦取决于具体情况。按照《草案》的解读，在评估保密措施是否适当时，可以特别考虑以下因素：商业秘密的价值及其开发成本、信息的性质、对企业的重要性、企业的规模、企业通常采取的保密措施、信息的标记方式以及与员工和业务合作伙伴商定的合同条款。从后面两个要素看，虽然对于采取何种保密措施以及保密措施是否适当均需考虑具体情况，但两个要素侧重点还是有所不同，第二个要素凸显了依据具体情况所采取保密措施的必要性，而第三个要素则侧重于依据具体情况所采取保密措施的适当性。

4. 商业秘密须具有正当性

商业秘密须具有正当性，指商业秘密须是所有人享有"保密的正当利益"的商业信息。该条第1项c对此作出明确规定。[14] 不过，这种"正当利益"要求在《指令》第2条及《TRIPS协定》第39条第2款的定义中都没有被明确提到。即使在联邦议院的《草案》中，对此同样没有规定。直到该法正式颁布，才增加了这种"正当利益"要求。对于增加该要件的原因，《法律事务和消费者保护委员会（第六委员会)的建议和报告》仅简单地提示了两点：一是遵循了《指令》立法理由说明（14）的要求；二是考虑到联邦宪法法院（Bundesverfassungsgericht，缩写为BverfG）的判决。[15] 显然，这样的提示并不充分。不过，梳理一下德国以往的文献，却可以找到这种"偏好"的根源。原来，很早以前在德国学术界及司法实践中对于商业秘密的存在与否的判断曾经有所谓的"利益说"（Interessentheorie）。根据该学说，只有具备"保密的正当经济利益"（ein berechtigtes wirtschaftliches Interesse an der Geheimhaltung），才可认定"秘密"（Geheimnis）的存在。[16] 由此可见，将"正当性"作为商业秘密的构成要件在德国有着较为悠久的传统，并非一时的空穴来风。那么，如何判断"正当利益"的存在？德国学者Alexander对此提供了一个标准：如果此信息（所保护的信息）对企业具有经济价值，则通常应确认正当利益的存在，除非有相反的特殊情况例外地出现。如果根据具体情况对信息保密没有合理的、可保护的以及经济上可以理解的理由，则缺少正当利益。[17]

注释

[1] Vgl. Entwurf eines Gesetzes zur Umsetzung der Richtlinie (EU) 2016/943 zum Schutz von Geschäftsgeheimnissen vor rechtswidrigem Erwerb sowie rechtswidriger Nutzung und Offenlegung (Drucksache 19/4724), S. 1 ff.

[2] 商务部世界贸易组织司（中国政府世界贸易组织通报咨询局）：《TRIPS协定》（2017年1月23日修正）第39条，来源于商务部世界贸易组织司（中国政府世界贸易组织通报咨询局）（http://sms.mofcom.gov.cn/article/wtofile/201703/20170302538505.shtml），2023年10月18日访问。

[3] Bundesgesetzblatt Jahrgang 2019 Teil I Nr. 13, ausgegeben zu Bonn am 25. April 2019, S. 467.

[4] Vgl. Prof. Dr. Gerhard Schewe, Information, https://wirtschaftslexikon.gabler.de/definition/information-40528; 5. 9. 2023.

[5] Vgl. Immaterielle Güter, https://www.bwl-lexikon.de/wiki/immaterielle-gueter; 5. 9. 2023.

[6] Vgl. Hans Brox, Allgemeiner Teil des Bürgerlichen Gesetzbuchs, 27. Auflage, 2003, S. 286 f.

[7] 《指令》立法理由说明（14）明确强调，"商业秘密"（Geschäftsgeheimnis）涵盖技术诀窍、商业信息和技术信息（Know-how, Geschäftsinformationen und technologische Informationen）。德国《商业秘密保护法》亦采用"商业秘密"（Geschäftsgeheimnis）概念，不再区分"商业秘密"和"经营秘密"（Geschäfts- und Betriebsgeheimnissen）。Vgl. RICHTLINIE (EU) 2016/943 DES EUROPÄISCHEN PARLAMENTS UND DES RATES vom 8. Juni 2016 über den Schutz vertraulichen Know-hows

und vertraulicher Geschäftsinformationen (Geschäftsgeheimnisse) vor rechtswidrigem Erwerb sowie rechtswidriger Nutzung und Offenlegung, Amtsblatt der Europäischen Union DE 15.6.2016, L 157/4; Wettbewerbsrecht und Kartellrecht, 26. Auflage 2005, Beck-Texte im dtv, S. 9 ff.

[8] Vgl. Entwurf eines Gesetzes zur Umsetzung der Richtlinie (EU) 2016/943 zum Schutz von Geschäftsgeheimnissen vor rechtswidrigem Erwerb sowie rechtswidriger Nutzung und Offenlegung (Drucksache 19/4724), S. 24; Köhler/Bornkamm/Feddersen, UWG, 41. Auflage 2023, Alexander, GeschGehG § 2 Begriffsbestimmungen, Rn. 21-38. 商业秘密的秘密性是"相对的"的表述在国内文献中亦可被查到。参见王瑞贺：《中华人民共和国反不正当竞争法释义》，法律出版社2018年版，第29页。

[9] 从语法结构看，该条第1项a包括一个主从复合句和一个单句，两者通过并列连词und（意思为"和"）连接。由于und后面有一个代副词daher（此处意思为"因此"），说明两者具有因果关系。见第二部分第一章第2条；原文见附录一：§ 2 Begriffsbestimmungen。

[10] Vgl. RICHTLINIE (EU) 2016/943 DES EUROPÄISCHEN PARLAMENTS UND DES RATES vom 8. Juni 2016 über den Schutz vertraulichen Know-hows und vertraulicher Geschäftsinformationen (Geschäftsgeheimnisse) vor rechtswidrigem Erwerb sowie rechtswidriger Nutzung und Offenlegung, Amtsblatt der Europäischen Union DE 15.6.2016, L 157/4.

[11] 在该条第1项b中的"Geheimhaltungsmaßnahmen"（保密措施）为复数形式。立法者在此强调了"保密措施"的多样性。

[12] Vgl. Entwurf eines Gesetzes zur Umsetzung der Richtlinie (EU) 2016/943 zum Schutz von Geschäftsgeheimnissen vor rechtswidrigem

Erwerb sowie rechtswidriger Nutzung und Offenlegung, Bundestag – 19. Wahlperiode, Drucksache 19/4724, S. 24 ff.

[13] Vgl. Entwurf eines Gesetzes zur Umsetzung der Richtlinie (EU) 2016/943 zum Schutz von Geschäftsgeheimnissen vor rechtswidrigem Erwerb sowie rechtswidriger Nutzung und Offenlegung, Bundestag – 19. Wahlperiode, Drucksache 19/4724, S. 25 f.

[14] 第2条第1项c明确规定："在该信息上存在保密的正当利益"（bei der ein berechtigtes Interesse an der Geheimhaltung besteht）。如何翻译此处的"berechtigtes Interesse"，是理解商业秘密定义的关键之一。国内线上翻译软件通常将其翻译为"合法权益"。然而，该法却是以"rechtmäßig"一词表示"合法"的，如第2条第1项b中以"rechtmäßigen Inhaber"表示"合法所有人"，第2条第2项中以"rechtmäßige Kontrolle"表示"合法控制"。因此，此处不能将其简单地翻译为"合法权益"。德国线上"GABLER经济辞典"（GABLER WIRTSCHAFTLEXIKON）将"berechtigtes Interesse"区分为"事实上的正当利益"和"法律上的正当利益"（Ein nach vernünftiger Erwägung durch die Sachlage gerechtfertigtes Interesse tatsächlicher oder rechtlicher Art）。据此，可将其翻译为"正当利益"，其下可进一步划分为"事实上的正当利益"和"法律上的正当利益"。Vgl. Malte Stöfen, berechtigtes Interesse, https://wirtschaftslexikon.gabler.de/definition/berechtigtes-interesse-31316, 13.02.2024.

[15] Vgl. Beschlussempfehlung und Bericht des Ausschusses für Recht und Verbraucherschutz (6. Ausschuss), Deutscher Bundestag – 19. Wahlperiode, Drucksache 19/8300, S. 13 ff.

[16] Vgl. Baumbach/Hefermehl, Wettbewerbstrecht, 16. Auflage 1990, UWG § 1, S. 1255 f. 该文献中"保密的正当经济利益"的德文表述为"ein berechtigtes wirtschaftliches Interesse an der

Geheimhaltung"。该表述与目前该法的表述"ein berechtigtes Interesse an der Geheimhaltung"相比除少"wirtschaftlich"一词外其余完全一致。Vgl. Baumbach/Hefermehl, Wettbewerbstrecht, 16. Auflage 1990, UWG § 1, S. 346 ff. Köhler/Bornkamm/Feddersen, UWG 41. Auflage 2023, Alexander, GeschGehG § 2 Begriffsbestimmungen, Rn. 77.

[17] Vgl. Köhler/Bornkamm/Feddersen, UWG 41. Auflage 2023, Alexander, GeschGehG § 2 Begriffsbestimmungen, Rn. 77.

三、侵犯商业秘密行为的认定

德国《商业秘密保护法》将涉及商业秘密的行为区分为三类，即允许的行为（Erlaubte Handlungen）、禁止的行为（Handlungsverbote）和禁止行为的"例外"（Ausnahmen），分别由第3条、第4条和第5条规定。第一类行为与第三类行为均属于合法行为，且第一类行为与第二类行为构成"非此即彼"的对立关系，即只要一种行为属于允许的行为，就不会属于禁止的行为。反之亦然。虽然第三类行为已经满足了第二类行为的构成要件，但因其对正当利益保护是必要的，则被排除在第二类行为之外，成为禁止行为的"例外"。[1] 这三个规定分别移植了《指令》第3条、第4条和第5条的规定。[2]

（一）允许的行为

所谓"允许的行为"，即指获取、使用或披露商业秘密的行为属于该法允许的行为，即合法行为。第3条对此作出明确规定。

依据第1款规定，通过以下三种方式获取商业秘密的行为属于合法行为：

（1）通过独立发现（Entdeckung）或创造（Schöpfung）获取商业秘密的行为。对此还可进一步区分为两种行为，即通过独立发现获取商业秘密的行为与通过独立创造获取商业秘密的行为。该规定表明，商业秘密保护并不具有排他性。不过，对于什么是"发现"以及什么是"创造"，立法者在此并没有作出明确的界定。

（2）通过"反向工程"（Reverse Engineering）获取商业秘密的行为。该行为可进一步区分为通过已公开的"反向工程"获取商业秘密的行为和通过"反向工程"人员合法占有获取商业秘密的行为。前者的构成要件为：其一，行为的客体为产品或物品；其二，"反向工程"的行为仅限于对产品或物品的观察、研究、拆解或测试；其三，产品或物品已经公开。后者的构成要件除了前两个要件与前者相同，还须具备：其一，"反向工程"的产品或物品须为实施"反向工程"人员合法占有；其二，实施"反向工程"人员对商业秘密获取（Erlangung）的限制不承担义务。

（3）通过雇员（Arbeitnehmer）或雇员代表

（Arbeitnehmervertretung）行使权利获取商业秘密的行为。该行为可分为通过雇员行使权利获取商业秘密的行为和通过雇员代表行使权利获取商业秘密的行为。前者须满足此处关于"雇员"及其是否可行使知情权、咨询权的条件；后者须满足"雇员代表"及其是否可行使参与权、共同决定权的条件。

依据第2款规定，以下三种获取、使用或披露商业秘密的行为属于合法行为：

（1）由法律所允许的获取、使用或披露商业秘密的行为。该行为是指根据法律本身的规定获取、使用或披露商业秘密的行为。

（2）基于法律所允许的获取、使用或披露商业秘密的行为。该行为是指根据官方依法作出的决定等获取、使用或披露商业秘密的行为。

（3）由法律行为所允许的获取、使用或披露商业秘密的行为。该行为是指根据合同约定获取、使用或披露商业秘密的行为。[3]

（二）禁止的行为

该法第4条的条文名称为"禁止的行为"（Handlungsverbote），列举了一系列应禁止的侵犯商业秘密行为。该条构成该法民事救济和刑事制裁的基础,是该法的核心。《指令》第4条将侵犯商业秘密的行为区分为直接侵犯商业秘密的行为和间接侵犯商业秘密的行为。[4]德国法也继受了这种划分方法。该条共计有三款,第1款列举了直接侵犯商业秘密行为中的"获取"行为,第2款列举了直接侵犯商业秘密行为中的"使用"和"披露"行为,第3款列举了间接侵犯商业秘密的行为(见图1)。

1. 直接侵犯商业秘密的行为

(1)直接侵犯商业秘密行为中的"获取"行为。

根据第1款的规定,还可以对直接侵犯商业秘密行为中的"获取"行为作进一步区分,即分为未经授权"获取"商业秘密或秘密载体(Geheimnisträger)的行为和违反诚实信用原则的"获取"行为。

① 未经授权"获取"商业秘密或秘密载体的行为。

根据第1款第1项的规定,这类行为需满足以下构成要件:

第一,须有符合规定的侵害对象。根据此项规定,对侵害对象的认定还要进一步考虑:其一,侵害对象须为该款第1项明确列举的5种侵害对象,即文件、物品、材料、原料或电子数据。其二,该类对象须包含商业秘密或可以从中推导出商业秘密。所谓"从中推导出商业秘密"是指从秘密载体中推导出商业秘密。其三,该类对象为所有人合法控制。

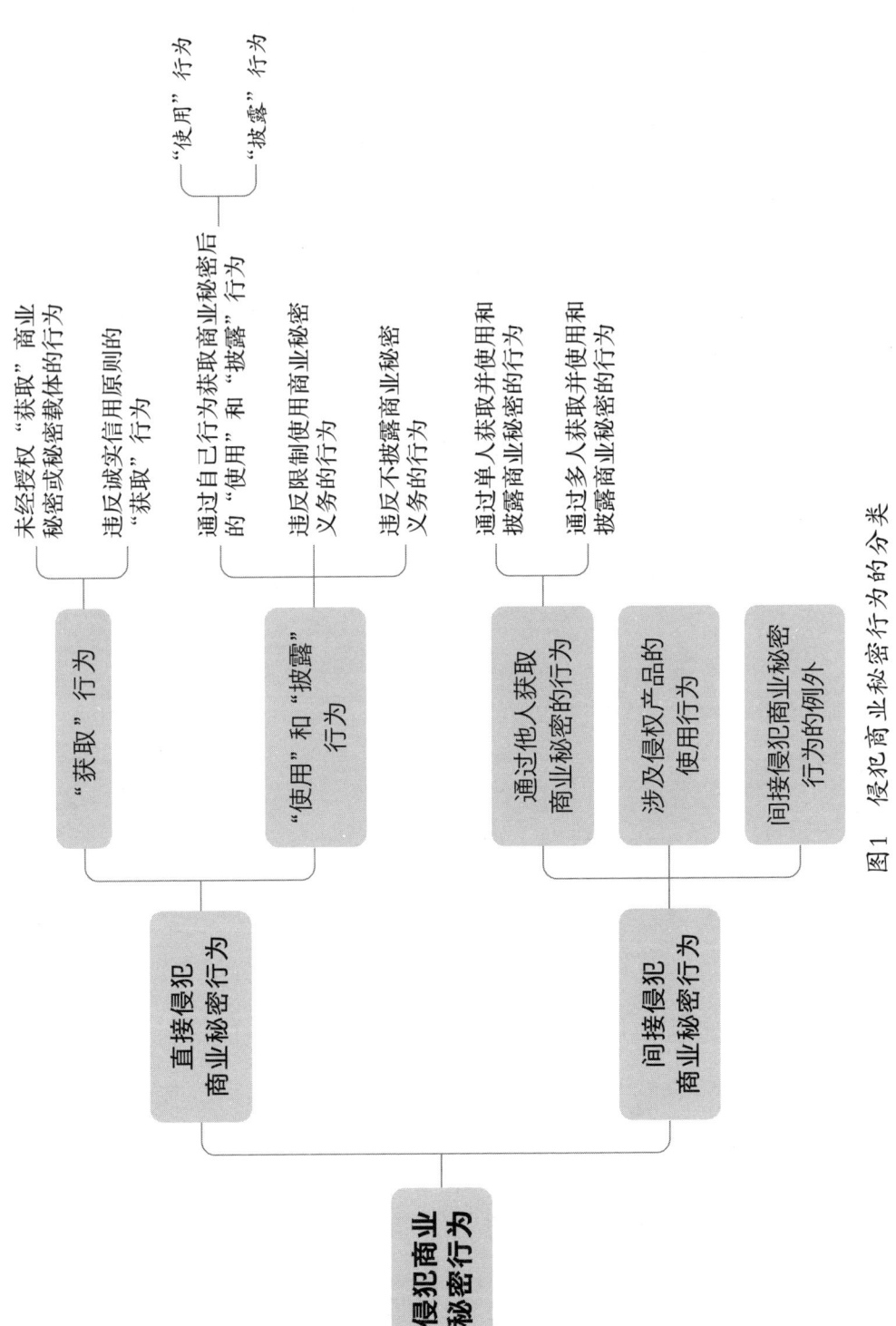

图 1 侵犯商业秘密行为的分类

第二，须有"获取"行为。根据此项规定，"获取"行为包括接触、侵占、复制行为。因此，对该项列举的5种对象的获取行为可分为接触"文件、物品、材料、原料或电子数据"、侵占"文件、物品、材料、原料或电子数据"和复制"文件、物品、材料、原料或电子数据"三类行为。如进一步细分，每一类行为又可以细分为5种行为。例如，"接触"类行为可分为文件接触、物品接触、材料接触、原料接触或电子数据接触。

第三，"获取"行为未经授权。根据学术界的观点，未经授权的"获取"行为既包括未经商业秘密所有人同意的"获取"行为，也包括法无授权的"获取"行为。[5]

缺少任何一个要件，未经授权"获取"商业秘密或秘密载体的行为都不能成立。

② 违反诚实信用原则的"获取"行为。

与第1项规定不同，第2项并未列举具体的禁止"获取"行为，而是禁止一定条件下的"不符合诚实信用原则（Grundsatz von Treu und Glauben）的任何其他行为"。第1项以外的"获取"行为，只要"不符合诚实信用原则"，都可被第2项覆盖，可见其具有兜底的作用，《草案》将其描述为一个具有德国法特色的"概括构成要件"（Auffangtatbestand）。[6] 为什么要增加这样的规定？显然，立法者已经意识到，第1项所列举的各种具体禁止"获取"行为并不能涵盖所有的"获取"行为，因此需要增设一个类似"一般条款"的规定，即以概括构成要件作为兜底。此外，还有一点与第1项规定不同，违反第2项规定的行为不具有可罚性（Strafbarkeit），因为第23条第1款第1项仅将违反第4条第1款第1项获取商业秘密的行为作为侵犯商业秘密的犯罪行为。违反诚实信用原则的"获取"行为的构成要件为：其一，该行为属于第1项所列举的禁止"获取"行为以外的"获取"行为；其二，该行为未经授权；其三，该行为不符合诚实信用原则。

（2）直接侵犯商业秘密行为中的"使用"和"披露"行为。

从第2款的规定来看，立法者首先对直接侵犯商业秘密行为中除"获取"行为以外的行为作了进一步区分，即区分为侵犯商业秘密的"使用"和侵犯商业秘密的"披露"两类行为；其次，在前面分类的基础上又区分了通过自己行为获取商业秘密的"使用"和"披露"、违反限制使用商业秘密义务的"使用"和违反不披露商业秘密义务的"披露"三类行为。

① 通过自己行为获取商业秘密后的"使用"和"披露"行为。

根据第2款第1项的规定，违反第1款第1项或第1款第2项规定获取商业秘密的,则商业秘密的"使用"或"披露"是不被允许的。这里应区分违反第1款第1项或第1款第2项规定获取商业秘密的"使用"或"披露"。

首先,违反第1款第1项或第1款第2项规定获取商业秘密后的"使用"。这里还可进一步区分为违反第1款第1项规定获取商业秘密后的"使用"和违反第1款第2项规定获取商业秘密后的"使用"。

违反第1款第1项规定获取商业秘密后"使用"行为的构成要件为:其一,须有违反第1款第1项规定的获取行为;其二,须有对获取的商业秘密的"使用"。这里的"使用"是指不涉及"披露"的、对商业秘密的任何"使用"。[7]

违反第1款第2项规定获取商业秘密后"使用"行为的构成要件为:其一,须有违反第1款第2项规定的获取行为;其二,须有对获取的商业秘密的"使用"。

其次,违反第1款第1项或第1款第2项规定获取商业秘密后的"披露"。这里同样可以进一步区分为违反第1款第1项规定获取商业秘密后的"披露"和违反第1款第2项规定获取商业秘密后的"披露"。

违反第1款第1项规定获取商业秘密后"披露"行为的构成要件为:其一,须有违反第1款第1项规定的获取行为;其二,须有对获取的商业秘密的"披露"。这里的"披露"是指向任何第三方披露商业秘密，并不要求一定要向公众披露商业秘密。[8]

违反第1款第2项规定获取商业秘密后"披露"行为的构成要件为：其一，须有违反第1款第2项规定的获取行为；其二，须有对获取的商业秘密的"披露"。

② 违反限制使用商业秘密义务的行为。

第2款第2项规定涉及违反限制使用商业秘密义务的行为，其构成要件为：其一，获取行为得到授权。与第2款第1项的规定不同，这里的获取行为得到了授权。其二，违反限制使用商业秘密义务。这一点也与第2款第1项的规定不同，这里违反的是一种合同义务或是法律明确规定的义务。[9]

③ 违反不披露商业秘密义务的行为。

第2款第3项规定涉及违反不披露商业秘密义务的行为，其构成要件为：其一，获取行为得到授权。与第2款第1项的规定不同，这里的获取行为同样得到了授权。其二，违反不披露商业秘密义务。这里违反的也是一种合同义务或是法律明确规定的义务。但与第2款第2项的规定不同，这里强调的是违反不披露商业秘密的义务，而不是违反限制使用商业秘密的义务。[10]

2. 间接侵犯商业秘密的行为

与第1款和第2款不同，第3款涉及的是间接侵犯商业秘密的行为，即行为人不是通过自己获取了商业秘密，而是通过"他人"获取了商业秘密。[11] 根据该款规定，间接侵犯商业秘密的行为可以进一步区分为通过他人获取商业秘密的行为和涉及侵权产品的使用行为。此外，从第3款第1句中还可以推导出"善意"获取商业秘密的行为。

（1）通过他人获取商业秘密的行为。

第3款第1句只提到行为人通过他人获取商业秘密，对"他人"未做进一步区分。然而，《草案》将其进一步区分为"单人"（eine andere Person）和"多人"（mehrere andere Personen）。据此，可将通过他人获取商业秘密的行为区分为通过单人获取并使用和披露商业秘密的行为及通过多人获取并使用和披露商业秘密的行为。

① 通过单人获取并使用和披露商业秘密的行为。

根据第3款第1句，通过单人获取并使用和披露商业秘密行为的构成要件包括：其一，仅通过一人获取商业秘密；其二，行为人知道或应当知道该人违反第2款规定使用或披露该商业秘密（可进一步区分为使用商业秘密和披露商业秘密两种行为）；其三，行为人有获取、使用或披露该商业秘密的行为。

② 通过多人获取并使用和披露商业秘密的行为。

根据第3款第1句，通过多人获取并使用和披露商业秘密行为的构成要件包括：其一，通过多人获取商业秘密。其二，行为人知道或应当知道多人中有人违反第2款规定使用或披露该商业秘密（可进一步区分为使用商业秘密和披露商业秘密两种行为）。根据《草案》的解读，行为人仅知道或应当知道多人中有人违反第2款规定使用或披露该商业秘密即可，并不要求行为人知道或应当知道多人中所有的人都违反第2款规定使用或披露该商业秘密。其三，行为人有获取、使用或披露该商业秘密的行为。[12]

（2）涉及侵权产品的使用行为。

第3款第2句对在侵权产品制造等环节中使用商业秘密的行为作出了明确列举。[13] 根据第3款第2句，涉及侵权产品的使用行为的构成要件包括：其一，须通过他人获取，即通过单人或多人获取；其二，行为人知道或应当知道该人或该多人中有人违反第2款规定使用或披露该商业秘密；其三，该行为以侵权产品的制造、提供、投放市场或进口、出口或储存为目的；其四，有在侵权产品的制造、提供、投放市场或进口、出口或储存中使用商业秘密的行为。

（3）关于善意获取商业秘密的行为。

根据该法第4条第3款的规定，如果行为人不知道或不应当知道该人或该多人中有人违反第2款规定使用或披露该商业秘密，则获取、使用或披露该商业秘密的行为不构成间接侵犯商业秘密的行为。该行为可视为间接侵犯商业秘密行为的"例外"。

（三）禁止行为的例外

当商业秘密保护与其他"正当利益保护"（Schutz eines berechtigten Interesses）发生冲突时，在满足法律规定的条件下，商业秘密保护将让位于其他"正当利益保护"。该法第5条对此作出明确的规定。[14] 与第3条不同，该条所涉及的行为已经满足了第4条意义上的"侵犯商业秘密行为"的构成要件，只是由于其涉及其他"正当利益保护"而成为"侵犯商业秘密行为"的"例外"。[15] 值得注意的是，该条在"正当利益"之下区分了"非明确表述的正当利益"与"明确表述的正当利益"。虽然该规定没有明确提示"前者"，但却可在第1句中的"正当利益"这个上位概念中将其推导出来，也就是说此处的"正当利益"包括了"非明确表述的正当利益"与"明确表述的正当利益"。后者指第1项至第3项涉及的"正当利益"。因此，从行为涉及的"正当利益"看，第5条包括以下四种禁止行为的"例外"：

（1）获取、使用或披露商业秘密的行为对于言论、信息、媒体自由的保护是必要的，则不适用该法第4条。该例外的构成要件为：其一，获取、使用或披露商业秘密的行为是为了保护言论、信息、媒体的自由；其二，获取、使用或披露商业秘密的行为对言论、信息、媒体自由的保护有其必要性。

（2）获取、使用或披露商业秘密的行为对于为了一般公共利益（das allgemeine öffentliche Interesse）而揭发违法行为、职业错误行为或其他错误行为的保护是必要的，则不适用该法第4条。该例外的构成要件为：其一，获取、使用或披露商业秘密的行为是为了保护一般公共利益；其二，揭发的对象属于违法行为、职业错误行为或其他错误行为；其三，对揭发行为有保护的必要性。

（3）雇员向雇员代表披露商业秘密对于雇员代表履行工作职责是必要的，则不适用该法第4条。该例外的构成要件为：其一，披露的主体为雇员，被披露的主体为雇员代表；其二，仅限于披露商业秘密的行为；其三，披露须具有必要性，即该披露是为了雇员代表履行工作职责。

（4）商业秘密的获取、使用或披露对于上述"明确表述的正当利益"保护之外的"非明确表述的正当利益"保护是必要的,[16]则不适用该法第4条。该例外的构成要件为：其一,获取、使用或披露商业秘密的行为是为了保护其他"非明确表述的正当利益"。对"非明确表述的正当利益"应做广义的理解,即除条文"明确表述的正当利益"之外的所有其他正当利益都属于"非明确表述的正当利益"。其二,对"非明确表述的正当利益"的保护具有必要性。

由此可见,最后一个例外规定属于兜底规定。由于该规定的存在,既扩大了第5条的适用范围,也表明第5条具有明显的开放性。

注释

[1] 该法关于"允许的行为"或禁止行为的"例外"的规定在实践中具有重要意义,特别是禁止行为的"例外"。如果被请求人能够证明自己的行为属于禁止行为的"例外",则可有效阻却请求权的发生。

[2] Vgl. RICHTLINIE (EU) 2016/943 DES EUROPÄISCHEN PARLAMENTS UND DES RATES vom 8. Juni 2016 über den Schutz vertraulichen Know-hows und vertraulicher Geschäftsinformationen (Geschäftsgeheimnisse) vor rechtswidrigem Erwerb sowie rechtswidriger Nutzung und Offenlegung, Amtsblatt der Europäischen Union DE 15.6.2016, L 157/10-11.

[3] Vgl. Entwurf eines Gesetzes zur Umsetzung der Richtlinie (EU) 2016/943 zum Schutz von Geschäftsgeheimnissen vor rechtswidrigem Erwerb sowie rechtswidriger Nutzung und Offenlegung, Bundestag – 19. Wahlperiode, Drucksache 19/4724, S. 26 f. Köhler/Bornkamm/Feddersen, UWG 41. Auflage 2023, Alexander, GeschGehG § 3 Erlaubte Handlungen, Rn. 57 ff.

[4] Vgl. RICHTLINIE (EU) 2016/943 DES EUROPÄISCHEN PARLAMENTS UND DES RATES vom 8. Juni 2016 über den Schutz vertraulichen Know-hows und vertraulicher Geschäftsinformationen (Geschäftsgeheimnisse) vor rechtswidrigem Erwerb sowie rechtswidriger Nutzung und Offenlegung, Amtsblatt der Europäischen Union DE 15.6.2016, L 157/10-11.

[5] Vgl. Köhler/Bornkamm/Feddersen, UWG 41. Auflage 2023, Alexander, GeschGehG § 4 Handlungsverbote, Rn. 21 ff.

[6] 关于"Auffangtatbestand"的理解与翻译。"Auffang"为名词,动

词为"auffangen",其含义为"接收""接住"。与"具体"的构成要件不同,此术语强调的是构成要件的"概括性"和"兜底性"。在中文文献中,目前尚未见到对此术语的翻译。从易于理解的角度看,作者觉得也可将其翻译为"兜底构成要件"。Vgl. Entwurf eines Gesetzes zur Umsetzung der Richtlinie (EU) 2016/943 zum Schutz von Geschäftsgeheimnissen vor rechtswidrigem Erwerb sowie rechtswidriger Nutzung und Offenlegung, Bundestag – 19. Wahlperiode, Drucksache 19/4724, S. 27 f.

[7] Vgl. Entwurf eines Gesetzes zur Umsetzung der Richtlinie (EU) 2016/943 zum Schutz von Geschäftsgeheimnissen vor rechtswidrigem Erwerb sowie rechtswidriger Nutzung und Offenlegung, Bundestag – 19. Wahlperiode, Zu Absatz 2, Satz 2, Drucksache 19/4724, S. 27 f.

[8] Entwurf eines Gesetzes zur Umsetzung der Richtlinie (EU) 2016/943 zum Schutz von Geschäftsgeheimnissen vor rechtswidrigem Erwerb sowie rechtswidriger Nutzung und Offenlegung, Bundestag – 19. Wahlperiode, Zu Absatz 2, Satz 3, Drucksache 19/4724, S. 27 f.

[9] Entwurf eines Gesetzes zur Umsetzung der Richtlinie (EU) 2016/943 zum Schutz von Geschäftsgeheimnissen vor rechtswidrigem Erwerb sowie rechtswidriger Nutzung und Offenlegung, Bundestag – 19. Wahlperiode, Zu Absatz 2, Zu Nummer 2, Drucksache 19/4724, S. 27 f.

[10] Entwurf eines Gesetzes zur Umsetzung der Richtlinie (EU) 2016/943 zum Schutz von Geschäftsgeheimnissen vor rechtswidrigem Erwerb sowie rechtswidriger Nutzung und Offenlegung, Bundestag – 19. Wahlperiode, Zu Absatz 2, Zu Nummer 3, Drucksache 19/4724, S. 28 f.

[11] 根据《草案》的解读,这里的"他人"(Person)是指第三人(die Dritte)。Entwurf eines Gesetzes zur Umsetzung der Richtlinie (EU) 2016/943 zum Schutz von Geschäftsgeheimnissen

vor rechtswidrigem Erwerb sowie rechtswidriger Nutzung und Offenlegung, Bundestag – 19. Wahlperiode, Zu Absatz 3, Satz 2, Drucksache 19/4724, S. 28 f.

[12] Entwurf eines Gesetzes zur Umsetzung der Richtlinie (EU) 2016/943 zum Schutz von Geschäftsgeheimnissen vor rechtswidrigem Erwerb sowie rechtswidriger Nutzung und Offenlegung, Bundestag – 19. Wahlperiode, Zu Absatz 3, Satz 3, Drucksache 19/4724, S. 28 f.

[13] 该款涉及的在侵权产品制造等环节中使用商业秘密的行为，属于特殊的使用商业秘密行为。

[14] Beschlussempfehlung und Bericht des Ausschusses für Recht und Verbraucherschutz (6. Ausschuss), Deutscher Bundestag – 19. Wahlperiode, Drucksache 19/8300, S. 14 f.

[15] Köhler/Bornkamm/Feddersen, UWG 41. Auflage 2023, Alexander, GeschGehG § 5 Ausnahmen, Rn. 1 ff.

[16] 根据第5条的规定，条文中的"正当利益保护"应与"商业秘密保护"相对应。如果两者发生冲突，且满足该条"例外"的构成要件，后者的保护须让位于前者的保护。Köhler/Bornkamm/Feddersen, UWG 41. Auflage 2023, Alexander, GeschGehG § 5 Ausnahmen, Rn. 1 f.

四、以请求权为核心构建的私法保护

该法第2章首次以请求权为核心全面构建了商业秘密的私法保护体系。[1] 该体系包括两个部分：一是对作为请求权发生之基础（该基础被称为"请求权基础"，德文为"Anspruchchsgrundlagen"）的请求权规范（Anspruchchsnormen）作出规定。这些规范涉及的请求权类型（Arten）包括防御请求权、特别请求权、从请求权、损害赔偿请求权、向企业主提出的请求权以及返还请求权。二是对请求权限制作出规定。这些限制包括请求权排除、请求权规避、请求权滥用禁止以及请求权的消灭时效。在实践中，一方当事人行使请求权时，他方当事人可基于"允许的行为"或禁止行为的"例外"提出"权利阻却之抗辩"（Rechtshindernde Einrede；也称"权利障碍的抗辩"），即提出请求权未发生的抗辩。与此不同，前三种限制涉及"权利消灭之抗辩"（Rechtsvernichtende Einrede；也称"权利毁灭的抗辩"），即在请求权发生后他方当事人可基于请求权排除、请求权规避或请求权滥用禁止提出请求权消灭的抗辩。后一种限制则涉及"权利妨碍之抗辩"（Rechtshemmende Einrede；也称"权利阻碍的抗辩"，或称"永久的抗辩权"），虽然其不能使请求权消灭，却可能导致请求权不可行使，即最终不可实现。因此，上述限制性规范也被称为反对性规范（Gegennormen），或抗辩性规范（Einwendungsnormen）。[2]

（一）请求权的分类

为了更好地理解第2章涉及的各种请求权，可从多个层次对其进行划分（见图2）：第一层次划分是将请求权区分为时效届满前的请求权和时效届满后的请求权。第二层次划分是将时效届满前的请求权区分为针对侵权人的请求权和针对特定第三人的请求权。第三层次划分是将针对侵权人的请求权区分为侵权不涉及损害赔偿的请求权和侵权涉及损害赔偿的请求权，将针对特定第三人的请求权区分为基于第12条第1句的请求权和基于第12条第2句的请求权。第四层次划分是将侵权不涉及损害赔偿的请求权划分为防御请求权、特别请求权和从请求权，将侵权涉及损害赔偿的请求权划分为财产损害赔偿请求权和非财产损害赔偿请求权。对于防御请求权、特别请求权和从

第一部分 导读

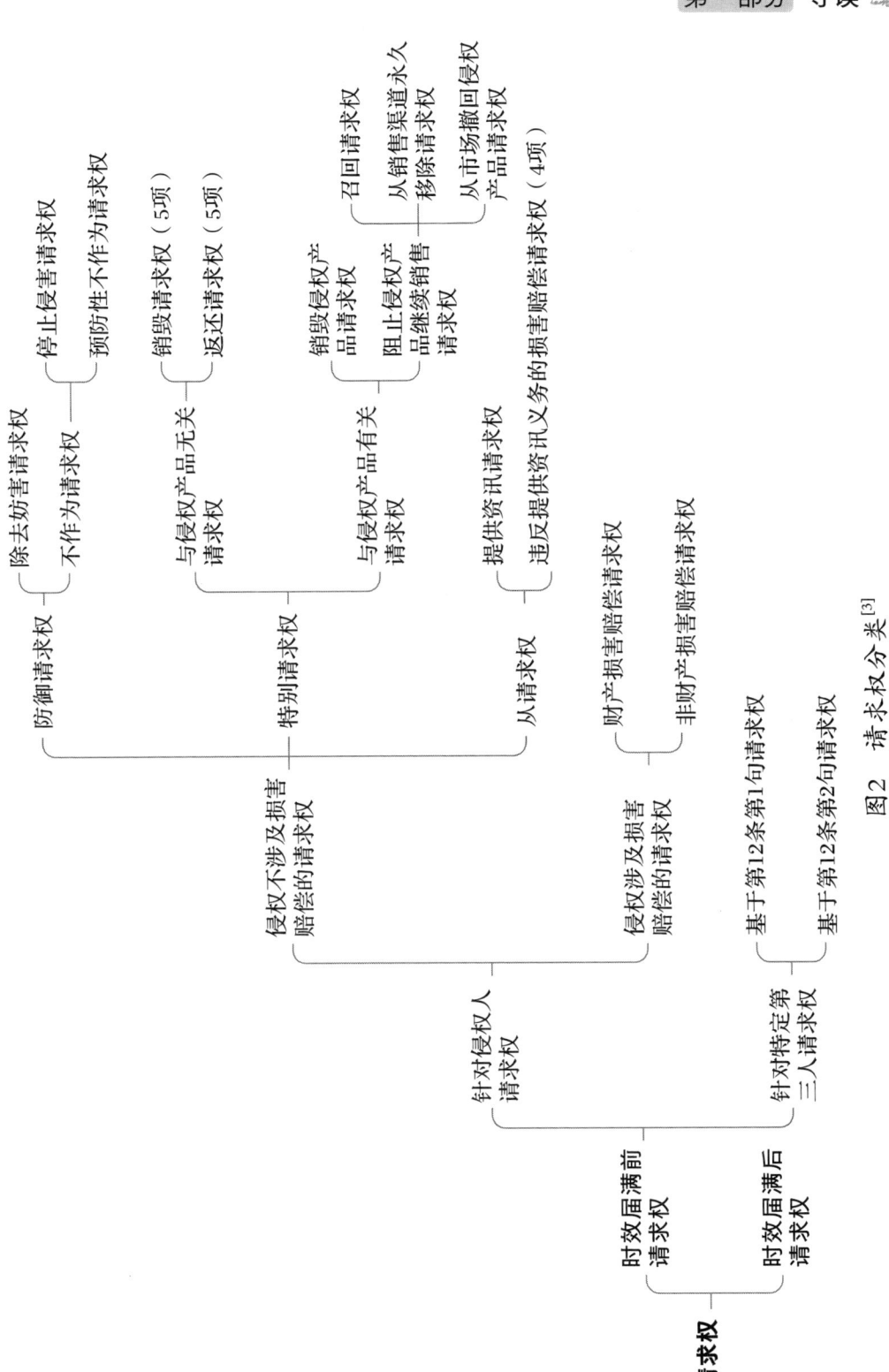

图2 请求权分类[3]

041

请求权仍然可以向下划分，如防御请求权可分为除去妨害请求权与不作为请求权，特别请求权可分为与侵权产品无关的请求权和与侵权产品有关的请求权，从请求权可分为提供资讯请求权和违反提供资讯义务的损害赔偿请求权，对此可视为第五层次划分。不作为请求权可划分为停止侵害请求权和预防性不作为请求权，与侵权产品无关的请求权可进一步区分为销毁请求权和返还请求权，与侵权产品有关的请求权则可进一步区分为销毁侵权产品和阻止侵权产品继续销售两种类型请求权，以上可视为第六层次划分。阻止侵权产品继续销售请求权还可分为召回、从销售渠道永久移除和从市场撤回侵权产品请求权，对此可视为第七层次划分。此外，与侵权产品无关请求权下的销毁请求权还可以向下区分为文件、物品、材料、原料、电子数据销毁请求权，返还请求权同样可以向下区分为文件、物品、材料、原料、电子数据返还请求权，对此也可视为第七层次划分。

（二）各种请求权

1. 防御请求权

从第6条的条文内容看，立法者明确区分了两类请求权，即除去妨害请求权（Beseitigungsanspruch）与不作为请求权

（Unterlassungsanspruch）。依据学术界的观点，这两类请求权都属于防御请求权（Abwehransprüche；也称一般防御请求权，即allgemeine Abwehransprüche）。虽然该条文与《指令》第12条第1款相对应，但却与德国《反不正当竞争法》第8条第1款、德国《著作权与邻接权法》（Gesetz über Urheberrecht und verwandte Schutzrechte，缩写为UrhG）第97条第1款和德国《外观设计法》（Gesetz über den rechtlichen Schutz von Design，缩写为DesignG）第42条第1款等规定类似，即都明确规定了防御请求权。[4]

按照《草案》的说明，除去妨害请求权是对已经发生且仍在继续的妨害（Beeinträchtigung）作出的防御。[5]除去妨害请求权的成立要件为：其一，须有第4条列举的侵权行为；其二，因侵权行为而出现持续的违法干扰状态（rechtswidriger Störungszustand）；其三，不须侵权人主观方面有过错。[6]

不作为请求权与除去妨害请求权有所不同，其不是针对已经发生且仍在继续的损害，而是指向未来有发生侵权行为的危险，即有"作为危险之存在"（Bestehen einer Begehungsgefahr）。[7]根据可能发生侵权行为的危险是再次发生还是首次发生，不作为请求权可分为停止侵害请求权（Verletzungsunterlassungsanspruch）和预防性不作为请求权（vorbeugender Unterlassungsanspruch）。[8]

前者针对有再次发生危险的侵权行为，成立要件为：其一，须有第4条列举的侵权行为；其二，该行为有重复发生危险（即有重复作为之危险）；其三，不须侵权人主观方面有过错。后者针对有首次发生危险的侵权行为，成立要件为：其一，第4条列举的侵权行为有首次发生危险（即有首次作为之危险）；其二，不须侵权人主观方面有过错。

根据该条规定，可供商业秘密所有人选择的请求权有三种。对此，商业秘密所有人既可以三选一，也可以将除去妨害请求权与不作为请求权中的任何一种合并行使。由于停止侵害请求权和预防性不作为请求权的功能是一致的，即都是指向未来发生侵权行为的危险，因此对某一种商业秘密侵权行为来说，通常不能同时行使这两种请求权。

2. 特别请求权

第7条所包括的请求权可区分为与侵权产品无关的请求权和与侵权产品有关的请求权两大类。第7条第1项涉及与侵权产品无关的请求权，与《指令》第12条第1款d相对应。第7条第2项、第3项、第4项和第5项则涉及与侵权产品有关的请求权，其中第2项和第3项分别与《指令》第12条第2款a、第12条第3款相对应，第4项和第5项则与《指令》第12条第2款c相对应。不同于第6条的一般防御请求权，第7条的请求权被视为特别请求权（spezielle Ansprüche），并且被视为是对第6条的补充。德国《著作权与邻接权法》第98条、德国《外观设计法》第43条、德国《专利法》（Patentgesetz，缩写为PatG）第140a条第2款和德国《商标与其他标记保护法》（Gesetz über den Schutz von Marken und sonstigen Kennzeichen，缩写为MarkenG）第18条第2款也有类似的规定。

与侵权产品无关的请求权包括销毁请求权和返还请求权，亦称为与信息载体（Informationsträger）有关的销毁请求权和返还请求权。由于该条第1项列举了五种不同的载体，因此销毁请求权还可以向下区分为文件、物品、材料、原料、电子数据销毁请求权，返还请求权同样可以向下区分为文件、物品、材料、原料、电子数据返还请求权。除了涉及的载体不同，这些请求权的成立要件均为：其一，须有第4条列举的侵权行为。其二，侵权行为涉及的载体须满足一定条件。依据该条第1项须满足三个条件：该载体须为文件、物品、材料、原料或电子数据之一；该载体须本身包含或体现了商业秘密；该载体为侵权人占有或是其财产。其三，不要求行为人主观方面有过错。不过，从该条规定中尚不能判定，销毁请求权和返还请求权涉及的是载体的全部或是部分。根据学术界的观点，对此应区分具体情况。如果商业秘密在载体中可作为独立部分存在，销毁请求权和返还请求权涉及的应是载体的部分，而不是载体的全部。[9] 此外，两类请求权既可单独行使，也可与同类中的其他请求权合并行使，但却不能跨类同时行使。虽然立法者未说明两类请求权之轻重，但销毁类请求权显然重于返还类请求权。

与侵权产品有关的请求权包括召回、从销售渠道永久移除、销毁和从市场撤回侵权产品请求权。这些请求权又可分为销毁侵权产品和阻止侵权产品继续销售两种类型请求权。第7条第4项为销毁类型请求权，第7条第2项、第3项和第5项为阻止类型请求权，即召回、从销售渠道永久移除和从市场撤回侵权产品请求权。只有在侵权人还控制侵权产品的情况下，从市场撤回侵权产品请求权才能成立，否则只能考虑其他阻止类型请求权。上述请求权成立的一般要件为：其一，须有第4条列举的侵权行为；其二，该行为须涉及第2条第4项界定的侵权产品；其三，主观方面不要求有过错。[10] 涉及第5项从市场撤回侵权产品请求权的，除上述一般要件外，还须满足以下两个特别要件：其一，须侵权人控制侵权产品；其二，从市场撤回侵权产品不影响商业秘密保护。

综上所述，第7条涉及的请求权可以按三个层次划分为多项请求权。第一个层次划分为与侵权产品无关的请求权和与侵权产品有关的请求权，本层次尚不涉及具体的请求权。第二层次划分是将与侵权产品无关的请求权分为销毁请求权和返还请求权两项具体的请求权，将与侵权产品有关的请求权分为销毁侵权产品和阻止侵权产品继续销售两类请求权（此处销毁侵权产品为具体的请求权）。第三层次划分是将阻止侵权产品继续销售请求权分为召回、从销售渠道永久移除和从市场撤回侵权产品三项具体的请求权，将与侵权产品无关请求权下的销毁请求权向下区分为文件、物品、材料、原料、电子数据销毁请求权，将与侵权产品无关请求权下的返还请求权向下区分为文件、物品、材料、原料、电子数据返还请求权。这样，可供所有人选择的具体的请求权多达14项。在各项请求权不发生冲突的情况下，商业秘密所有人有权决定，基于侵权行为按照该条行使一项或多项请求权。依据德国学者的观点，该条既可以独立适用，也可与第6条同时适用。[11]

3. 从请求权

第8条是关于商业秘密所有人享有要求侵权人"提供资讯请求权"（Anspruch auf Auskunft，或Auskunftsanspruch）以及侵权人违反提供资讯义务应承担损害赔偿责任（Schadensersatzhaftung）的规定。商业秘密所有人可请求侵权人对侵权产品提供资讯是该法赋予商业秘密所有人的一项重要权利，即商业秘密所有人享有请求侵权人依法提供与侵权产品相关信息的权利。相对于商业秘密所有人的该项权利，侵权人应承担相应的"提供资讯义务"（Auskunftspflicht），即负有向商业秘密所有人告知与侵权产品相关信息的义务。该规定并不是来自欧盟《指令》，而是地道的本土规定。与第6条、第7条、第10条第1款规定的主请求权（Hauptansprüche）相比，"提供资讯请求权"也被称为"从请求权"（Hilfsanspruch）。[12] 德国《商标与其他标记保护法》第19条第5款、德国《著作权与邻接权法》第101条第5款也规定了类似的请求权。然而，这些规定也包含对第三人的请求权。由于立法者认为商业秘密不同于知识产权，所以第8条对此没有作出规定。[13]

第8条第1款是关于商业秘密所有人享有要求侵权人提供资讯请求权的规定。其成立要件为：其一，须有第4条列举的侵权行为。其二，提供资讯的内容应限于所列举的事项。从该款内容看，商业秘密所有人可以请求侵权人提供三个方面的资讯，即相关侵权产品的资讯、相关信息载体的资讯和相关人员的资讯。相关侵权产品的资讯又可分为：与侵权产品相关主体以及商业客户和销售网点名称和地址的资讯、处于生产和流通不同环节侵权产品的数量以及购买价格的资讯。其三，不要求行为人主观方面有过错。

第8条第2款是关于侵权人违反提供资讯义务应承担损害赔偿责任的规定。从商业秘密所有人的角度看，因侵权人违反提供资讯义务其可以基于该款的规定而主张损害赔偿请求权（Schadensersatzanspruch）。[14] 在此，该请求权的构成要件可区分为责任成立的构成要件（haftungsbegründender Tatbestand）与责任范围的构成要件（haftungsausfüllender Tatbestand）。责任成立的构成要件包括：其一，行为人须负有第8条第1款规定的提供资讯义务。那么，为何行为人应负有此项义务？这是因为其实施了该法第4条所列举的侵权行为。[15] 其二，行为人须实施该款列举的四种行为之一，即不提供、延迟提供、错误或不完整地提供资讯行为之一种。其三，须存在违反提供资讯义务（Verletzung der Auskunftspflicht）。其四，行为与违反提供资讯义务之间须有因果关系，即存在责任成立的因果关系（haftungsbegründende Kausalität）。其五，须存在行为的违法性。其六，行为人主观方面须有过错。该过错包括故意（vorsätzlich）和重大过失（grob fahrlässig）。责任范围的构成要件为：其一，须有损害。其二，违反提供资讯义务与损害之间须有因果关系，即存在责任范围的因果关系（haftungsausfüllende Kausalität）。[16] 这里需要注意的是，应区分行为人实施的两类行为：一是其实施的该法第4条所列举的侵权行为；二是其实施的该款列举的四种行为之一。前者仅涉及责任成立的构成要件，后者则涉及责任成立的构成要件与责任范围的构成要件两类构成要件。此外，由于该款涉及四种不同的行为，因此可将该款的请求权进一步区分为基于不提供资讯的损害赔偿请求权、基于延迟提供资讯的损害赔偿请求权、基于错误提供资讯的损害赔偿请求权、基于不完整提供资讯的损害赔偿请求权。

4. 损害赔偿请求权

第10条的条文名称为"侵权人责任"（Haftung des Rechtsverletzers）。该条规定了损害赔偿责任的构成要件（即损害赔偿请求权的构成要件）、三种损害赔偿计算方法及非财产损害赔偿，构成损害赔偿责任的基础。该条涉及的损害赔偿请求权又可分为财产损害赔偿请求权与非财产损害赔偿请求权。虽然该条与《指令》第14条相对应，但其具有明显的德国法色彩。该条的设计明显参照了德国《商标与其他标记保护法》第14条第6款、德国《著作权与邻接权法》第97条第2款、德国《专利法》第139条第2款以及德国《外观设计法》第42条第2款的规定。[17]

该条第1款规定："故意（vorsätzlich）或过失（fahrlässig）实施行为的侵权人对于给商业秘密所有人因此造成的损害应

承担赔偿义务。"该规定涉及财产损害赔偿请求权。若要深入理解该款规定的损害赔偿责任的构成要件，必须先从了解德国《民法典》第823条第1款规定的损害赔偿责任的构成要件入手。第823条第1款规定："故意或过失不法侵害他人生命、身体、健康、自由、所有权或其他权利的，对于给他人因此造成的损害应承担赔偿义务。"按照德国有关文献的解读，该款的构成要件可区分为责任成立的构成要件与责任范围的构成要件。前者包括法益受到侵害（Rechtsgutsverletzung）、侵害行为（Verletzungshandlung）、责任成立的因果关系、违法性（Rechtswidrigkeit）、过错（Verschulden）；后者包括发生的损害（Schaden）、责任范围的因果关系（也称"充分责任因果关系"）。通过比较可以发现，德国《商业秘密保护法》第10条第1款的规定几乎是德国《民法典》第823条第1款的翻版。因此，同样可以将该款的构成要件区分为责任成立的构成要件与责任范围的构成要件。不过，在德国《商业秘密保护法》中，责任成立构成要件的审查须将该法第4条与第10条第1款结合起来加以考虑。责任成立的构成要件包括：其一，权利（即对商业秘密的支配权）须受到侵害；其二，须有侵害行为；其三，侵害行为与权利受到侵害之间须存在因果关系，即须有责任成立的因果关系；其四，行为须有违法性；其五，行为须有过错（包括故意和过失）。责任范围的构成要件包括：其一，须发生损害，且该损害可以依据该法规定的损害赔偿计算方法加以计算；其二，权利受到侵害与发生的损害之间须存在因果关系，即存在责任范围的因果关系。[18]

该条第2款规定："在确定损害赔偿时，侵权人通过侵权所获得的利润也应被考虑。损害赔偿请求权也可基于这样的费用基础来确定，即假定侵权人已获准获取、使用或披露商业秘密，其对此应当支付的适当费用。"该款明确了损害赔偿计算的三种方法。这些方法显然参照了知识产权法中的"三重损害计算方法"（dreifachen Schadensberechnung）。第一种方法是依据所有人的实际损失进行赔偿。第1款提到的"造成的损害"即指实际损失。第二种方法是依据侵权人所获得的利润进行赔偿。第三种方法是比照许可协议进行赔偿。该款并没有明确表述比照许可协议进行赔偿，而是表述为"假定侵权人已获准获取、使用或披露商业秘密，其对此应当支付的适当费用"。根据《草案》的说明，这种方法就是比照许可协议进行赔偿，即比照应该支付的许可费进行赔偿。[19]

该条第3款规定了非财产损害赔偿请求权。此处，同样可以将其构成要件区分为责任成立的构成要件与责任范围的构成要件，且在责任成立构成要件的审查中须将该法第4条与第

10条第3款结合起来加以考虑。责任成立的构成要件包括：其一，权利须受到侵害；其二，须有侵害行为；其三，侵害行为与权利受到侵害之间须存在因果关系，即须有责任成立的因果关系；其四，行为须有违法性；其五，行为须有过错（包括故意和过失）。责任范围的构成要件包括：其一，须发生非财产损害。例如，权利受到侵害对商业秘密所有人造成名誉损害（Ansehensschädigung）。其二，权利受到侵害与发生的非财产损害之间须存在因果关系，即存在责任范围的因果关系。其三，赔偿须符合公平原则。这里的公平也包括赔偿数额的公平。其四，须以现金赔偿。非财产损害赔偿请求权既可单独适用，也可作为财产损害赔偿的补充被提出。[20]

5. 向企业主提出的请求权

第12条的条文名称为"企业主责任"（Haftung des Inhabers eines Unternehmens）。该条区分了企业主的两种责任，即作为侵权雇员（Beschäftigter）或受托人（Beauftragter）的企业主的责任与违反提供资讯义务的损害赔偿责任。前者涉及企业主作为第三人的责任，后者则涉及企业主自身违反义务的责任。依据第4条第3款的规定，第三人获取商业秘密时须有过错，才承担责任。但依据该条第1句，作为侵权雇员或受托人的企业主应承担无过错责任。该规定可防止企业主逃避责任。[21]

根据第12条第1句，企业主承担责任的前提条件是：其一，侵权行为的主体须是企业的雇员或受托人；其二，该主体实施了第4条第1款和第2款所列举的侵权行为，且该行为与企业活动有内在联系；其三，不要求企业主主观方面有过错。该句明确排除了第4条第3款的适用。请求人则可基于案情依据第6条至第8条的规定而向企业主主张防御请求权、特别请求权或伴随主请求权主张提供资讯请求权。

第12条第2句对企业主承担违反提供资讯义务的损害赔偿责任作出规定。此处，同样可以将其构成要件区分为责任成立的构成要件与责任范围的构成要件。责任成立的构成要件为：其一，企业主须负有第8条第1款规定的提供资讯义务。那么，企业主缘何负有此项义务？这是因为其雇员或受托人实施了该法第4条所列举的侵权行为。其二，企业主须实施该款列举的四种行为之一，即不提供、延迟提供、错误或不完整地提供资讯行为之一种。其三，企业主须违反提供资讯义务（Verletzung der Auskunftspflicht）。其四，企业主的行为与违反提供资讯义务之间须有因果关系，即存在责任成立的因果关系。其五，企业主的行为须有违法性。其六，企业主的主观方面须有过错。该过错包括故意（vorsätzlich）和重大过失（grob fahrlässig）。责任范围的构成要件为：其一，须有损害；其二，违反提供资讯义务与损害之间须有因果关系，即存在责任范围的因果关系。此处需要注意的是，此条文涉及的两种行为源于两个主体：一是企业主的雇员或受托人实施的该法第4条所列举的侵权行为；二是企业主实施的该款列举的四种行为之一。同样，前者仅涉及责任成立的构成要件，后者则涉及责任成立的构成要件与责任范围的构成要件。当企业主实施了该款列举的四种行为之一并且满足了相关构成要件时，请求人只能依据第8条第2款向企业主主张损害赔偿请求权。

6. 返还请求权

该法第13条的条文名称为"普通消灭时效届满后的返还请求权"（Herausgabeanspruch nach Eintritt der Verjährung）。与上述请求权都属于"消灭时效届满前"（vor Eintritt der Verjährung）的请求权不同，该条规定的请求权属于"消灭时效届满后"的请求权，即普通消灭时效届满后的返还请求权。该请求权不受普通消灭时效期间（Verjährungsfrist）的限制，而是被立法者赋予了一个特殊消灭时效期间。该条源于《指令》第8条第2款，并被视为德国《民法典》第852条"消灭时效届满后的返还请求权"的特别规定（lex specialis）。显然，该规定有助于商业秘密所有人保护其商业秘密。

该请求权的成立要件为：其一，须有第4条列举的侵权行为；其二，侵权人通过该商业秘密的侵害在商业秘密所有人负担费用基础上获得利益；其三，侵权人主观方面须有过错；其四，根据德国《民法典》关于不当得利的规定，对于利益返还仍负有义务；其五，返还请求权不受该法第10条规定的"损害赔偿请求权"普通消灭时效的限制，但其消灭时效期间自权利可行使之时起不得超过六年。[22]

（三）请求权的限制

该法中请求权的限制包括请求权排除（Anspruchsausschluss）、请求权规避（Abwendung der Ansprüche）、请求权滥用禁止（Missbrauchsverbot）和请求权的消灭时效（Anspruchsverjährung）。在实践中，虽然基于请求权基础（且反对性规范要件未满足）请求权可以"发生"，但通过请求权排除、请求权规避和请求权滥用禁止的限制将会导致请求权消灭。如不能使请求权消灭，通过请求权消灭时效的限制则能导致请求权不可行使。因此，请求权的限制对于平衡当事人之间的利益具有重要意义。

1. 请求权排除

第9条的规定体现了"比例原则"（Grundsatzes der Verhältnismäßigkeit）在该法中的适用，即在个别情况下请求权的实现（Erfüllung）将造成不成比例（Unverhältnismäßigkeit）的后果，则根据第6条至第8条第1款主张的请求权将被排除。该规定与《指令》第13条第1款相对应。德国《著作权与邻接权法》第98条第4款也有类似的规定。依据德国学者的观点，第9条中提到的请求权行使通常需要进行比例性审查（Verhältnismäßigkeitsprüfung），而非限于例外情况。[23]

请求权排除的适用条件为：其一，该法第6条、第7条、第8条第1款所涉及的请求权已成立。对此要求所有规范的构成要件要素都须满足，如缺少某一要件要素，则无须进行比例性审查。[24] 其二，在个别情况下请求权的实现将造成不成比例的后果。其三，需要考虑该条所列举的七种情形。根据《草案》的解释，需要考虑的情形并不限于所列举的七种情形，其他合法利益亦有可能被考虑。[25] 其四，侵权人主观方面须无过错。

虽然法院依据该规定应进行比例性审查，但提出请求权排除的当事人应当承担举证责任。[26]

此外，由于第9条的适用可导致第6条至第8条第1款主张的请求权被排除，因此也对相关条文的适用产生影响，即排除了第11条、第12条的适用。[27]

2. 请求权规避

第11条的条文名称为"金钱补偿"。根据第11条第1款的规定，主观方面没有过错的侵权人被赋予一项特权，即在满足一定条件下，为了避免第6条或第7条请求权的实现可以用金钱补偿商业秘密所有人。对于这类侵权人来说，该规定的重要意义在于，通过"可控"的金钱补偿可规避第6条或第7条"不可控"的请求权实现。该规定移植了《指令》第13条第3款。德国《著作权与邻接权法》第100条也有类似的规定。[28]

请求权规避适用的条件是：其一，须有第4条列举的侵权行为发生。其二，第6条或第7条请求权的实现将导致侵权人处于较大的不成比例的不利地位。如何理解此处的"不利地位"？根据学术界的解读，此处的不利地位是指，第6条或第7条规定的请求权的实现将给侵权人带来所有的经济负担和损失（alle wirtschaftlichen Belastungen und Einbußen）。[29] 其三，金钱补偿的提出主体须为侵权人。其四，侵权人主观方面须无过错；其五，金钱补偿更为合适；其六，接受金钱补偿的主体为商业秘密所有人。

此外，根据该条第2款，金钱补偿数额应参照许可合同中的许可使用费进行计算，并且在商业秘密所有人有权提出不作为请求权（Unterlassungsanspruch）的期限内，该金钱补偿数额不得超过该许可使用费数额。[30]

综上所述，第9条规定的"请求权排除"的适用排除了第

11条规定的"请求权规避"的适用,因为其适用导致该法第6条或第7条请求权的行使已不复存在。只有该法第6条、第7条涉及的请求权成立且第9条请求权排除适用条件未得到满足,第11条才有适用的空间。

3. 请求权滥用禁止

第14条涉及请求权滥用的禁止,具体内容可分为三个方面:

(1)该条第1句对请求权人滥用请求权作出禁止规定,其目的在于保护受诉讼或警告影响的当事人免于因侵犯商业秘密而遭受请求权滥用。该句与《指令》第7条第2款相对应。德国《反不正当竞争法》2020年11月26日修订前的第8条第4款及修订后的第8条c第1款也有类似的规定。[31]该规定为被请求人抗辩提供了依据。其构成要件为:其一,须有请求人(Anspruchsteller)对第6条至第8条、第10条、第13条规定的请求权主张。[32]其二,在考虑所有情况下,请求权的主张构成滥用。对于什么是权利滥用,《草案》援引了德国《反不正当竞争法》2020年11月26日修订前的第8条第4款规定。该规定对请求权滥用行为作出列举:"第1款所述请求权主张在考虑到所有情况下构成滥用的,特别是其有助于针对违法行为人发生费用赔偿或诉讼费用赔偿请求权的,则该请求权主张是不被允许的。"[33]对于应如何判定诉讼或警告构成滥用,《草案》

也给出明确的回答，即应根据德国《民法典》第242条的诚实信用原则（Grundsätze von Treu und Glauben）并在考虑所有情况下来判定。如果上述条件得以满足，被请求人可以提出抗辩，主张禁止请求人滥用请求权。[34]

（2）第14条第2句涉及反对请求权（Gegenansprüche），即对被请求人的权利辩护（Rechtsverteidigung）费用赔偿请求权作出规定。[35]该规定为被请求人反诉提供了依据。其构成要件为：其一，须有请求人对第6条、第7条、第8条、第10条、第13条请求权的行使；其二，请求权的行使须构成第1句中的滥用；其三，被请求人（Anspruchsgegner）为其权利辩护支出了合理费用。如上述构成要件得以满足，被请求人则可向请求人请求赔偿其为权利辩护所支付的合理费用。

（3）第14条第3句同样涉及反对请求权，即对被请求人的其他赔偿请求权作出规定。其构成要件为：其一，须有请求人对第6条、第7条、第8条、第10条、第13条请求权的行使；其二，请求权的行使须构成第1句中的滥用；其三，权利滥用给被请求人造成了其他损害。若上述构成要件得以满足，被请求人可就相关损害向请求人请求赔偿。

对于上述请求权滥用禁止的抗辩以及两项赔偿请求权主张（Geltendmachung der Ansprüche），均由被请求人承担举证责任，即实行谁主张谁举证。

由于请求权滥用禁止会涉及一般私法的诚实信用原则，对于请求人来说，与前两项限制相比，存在很多不确定性。因此，只有在前两项限制不可适用或虽可适用却仍有请求权滥用禁止适用空间的情况下，请求人才可选择其适用。

4. 请求权的消灭时效

在德国私法中有消灭时效（Verjährung）和取得时效（Ersitzung）之分。消灭时效又可分为普通消灭时效和特殊消灭时效。德国《民法典》第195条规定，普通消灭时效期间（Verjährungsfrist）为三年。德国《商业秘密保护法》的消灭时效包括普通消灭时效和特殊消灭时效。除了第13条"普通消灭时效届满后的返还请求权"涉及特殊消灭时效期间为六年，其余请求权均适用普通消灭时效，即消灭时效期间为三年。

注 释

[1] 请求权是德国私法赋予民事主体维护自身权益的重要权利，其不仅广泛存在于作为一般私法的德国《民法典》中，在特别私法中也大量存在。德国《民法典》第194条第1款对请求权作出明确界定：请求权是权利人请求他人作为或不作为的权利（Das Recht, von einem anderen ein Tun oder Unterlassen zu verlangen.）。请求权的发生离不开请求权基础（Anspruchsgrundlagen）。请求权基础是请求权发生的法律基础（Rechtsgrundlagen），具体而言，是指可使请求权发生的请求权规范（Anspruchsnormen；请求权规范可归属于法律规范，但并非所有的法律规范都是请求权规范；法律规范的德文表述为"Rechtsnormen"）和法律行为（Rechtsgeschäften）。请求权规范则由构成要件（Tatbestand）和法律效果（Rechtsfolge）组成。没有请求权基础，就不会有请求权的发生。就该法而言，请求权基础主要是指可使请求权发生的请求权规范。Vgl. Hans Brox, Allgemeiner Teil des BGB, 27, neu bearbeitete Auflage, 2003, S. 292 ff.

[2] 请求权规范为请求人主张请求权提供了法律基础；请求权限制则为被请求人的抗辩（包括狭义的抗辩和抗辩权）提供了依据。根据德国学术界的通说，针对一方当事人的请求权，他方当事人可以提出三种有先后顺序的抗辩：权利阻却之抗辩（即权利未发生的抗辩）、权利消灭之抗辩（即权利已消灭的抗辩）和权利妨碍之抗辩（即权利不可行使的抗辩）。最后一种抗辩属于抗辩权，其又可分为"永久的抗辩权"（peremptorische Einrede）和"延期的抗辩权"（dilatorische Einrede）。目前，在中文文献中，除多数文献使用"权利消灭之抗辩"（或"权利消灭的抗辩""权利消灭抗辩"）外，对第一种和第三种抗辩的翻译并未达成共

识，原因在于对"Rechtshindernd"和"Rechtshemmend"这两个复合词中基词分词的理解不同（两词均为复合分词，其前面的Recht为名词，属于复合词中的限定词，s为连接音，hindernd和hemmend为第一分词）。两个分词均有阻碍、阻止的含义，但前者偏重于阻止、阻断，后者偏重于妨碍、阻碍。关于"权利障碍的抗辩""权利毁灭的抗辩"及"永久的抗辩权"（包括"永久的抗辩权"和"延期的抗辩权"）的表述，可参见王泽鉴：《王泽鉴法学全集·第十一卷——民法总则》，中国政法大学出版社2003年版，第97页至第99页。Vgl. Hans Brox, Allgemeiner Teil des BGB, 27, neu bearbeitete Auflage, 2003, S. 299 ff. Dieter Medicus, Grundwissen zum Bürgelichen Recht, 6, neu bearbeitete Auflage, Carl Heymanns Verlag, 2004, S. 14 f.

[3] 受分类图层次结构的限制，此图中的分类有两处省略：其一，省略了与侵权产品无关请求权下的销毁请求权和返还请求权的向下的分类，即文件、物品、材料、原料、电子数据销毁请求权，文件、物品、材料、原料、电子数据返还请求权。其二，省略了从请求权下的违反提供资讯义务的损害赔偿请求权的向下的分类，即基于不提供资讯的损害赔偿请求权、基于延迟提供资讯的损害赔偿请求权、基于错误提供资讯的损害赔偿请求权、基于不完整提供资讯的损害赔偿请求权。此外，"时效届满前的请求权"（Herausgabeanspruch vor Eintritt der Verjährung）与"时效届满后的请求权"（Herausgabeanspruch nach Eintritt der Verjährung）相对应，前者是为了分类而使用的表述，后者则属于法律术语（见第二部分"翻译与注释"第二章注释[15]）。若将分类图中的请求权全部列出，则可达26项之多。根据作者的了解，在涉及知识产权与竞争的特别私法中，一部法律设定如此之多的请求权实属罕见。

[4] Vgl. Entwurf eines Gesetzes zur Umsetzung der Richtlinie (EU)

2016/943 zum Schutz von Geschäftsgeheimnissen vor rechtswidrigem Erwerb sowie rechtswidriger Nutzung und Offenlegung, Bundestag – 19. Wahlperiode, Zu Absatz 3, Satz 3, Drucksache 19/4724, S. 29 ff.

[5] Vgl. Entwurf eines Gesetzes zur Umsetzung der Richtlinie (EU) 2016/943 zum Schutz von Geschäftsgeheimnissen vor rechtswidrigem Erwerb sowie rechtswidriger Nutzung und Offenlegung, Bundestag – 19. Wahlperiode, Zu § 6 (Beseitigung und Unterlassung), Drucksache 19/4724, S. 30 f.

[6] Vgl. Köhler/Bornkamm/Feddersen, UWG 41. Auflage 2023, Alexander, GeschGehG § 6 Beseitigung und Unterlassung, Rn. 22 ff.

[7] 因有"作为"危险之存在，故可提出"不作为"请求权。

[8] Vgl. Köhler/Bornkamm/Feddersen, UWG 41. Auflage 2023, Alexander, GeschGehG § 6 Beseitigung und Unterlassung, Rn. 31 ff.

[9] Vgl. Köhler/Bornkamm/Feddersen, UWG 41. Auflage 2023, Alexander, GeschGehG § 7 Vernichtung; Herausgabe; Rückruf; Entfernung und Rücknahme vom Markt, Rn. 19 ff.

[10] 涉及第4条第3款"间接侵权"时则有例外，须有明知或应知；如果行为人无过错，为防止第7条第2款至第5款请求权的发生，其可依据第11条向商业秘密所有人提供金钱补偿。

[11] Vgl. Köhler/Bornkamm/Feddersen, UWG 41. Auflage 2023, Alexander, GeschGehG § 7 Vernichtung; Herausgabe; Rückruf; Entfernung und Rücknahme vom Markt, Rn. 1 f. 虽然第7条为"特别"请求权，但与第6条的关系并不是一般规定与特别规定的关系，即不是特别规定优于一般规定适用，而是两者可相互独立适用。

[12] 关于"主请求权"（Hauptansprüche）和"从请求权"（Hilfsanspruch）的翻译与解读。目前在中文文献中，尚未见到对两个术语的翻译。德国学者Alexander将"提供资讯请求权"

称为"从请求权"（Hilfsanspruch），将第6条、第7条、第10条第1款规定的请求权称为"主请求权"（Hauptansprüche）。在德国《商业秘密保护法》颁布前，涉及商业秘密保护的法律并无此类请求权规范。当时的学术界及司法实践均有适用从德国《民法典》第242条【依诚实和信用给付】（Leistung nach Treu und Glauben）推导出的"一般提供资讯请求权"（allgemeine Auskunftsanspruch）的主张。由于目前学界及实务界对该法"提供资讯请求权"讨论甚少，故可参照关于"一般提供资讯请求权"的讨论。根据相关观点，"一般提供资讯请求权"最重要的特征之一就是其具有附属性，即须伴随主请求权的提出而提出。因此，就第8条"从请求权"的行使而言，除了应满足其构成要件，其应伴随主请求权的提出而提出。Vgl. Köhler/Bornkamm/Feddersen, UWG 40. Auflage 2022, Alexander, GeschGehG § 8 Auskunft über rechtsverletzende Produkte; Schadensersatz bei Verletzung der Auskunftspflicht, Rn. 2 f. E. Anspruch auf Auskunft nach § 242 BGB i.V.m. der verletzten Rechtsnormh, https://www.recht-vertieft.de/wikijur/zr/uwg/weitere-ansprueche/auskunft/, 15. 4. 2024.

[13] Vgl. Entwurf eines Gesetzes zur Umsetzung der Richtlinie (EU) 2016/943 zum Schutz von Geschäftsgeheimnissen vor rechtswidrigem Erwerb sowie rechtswidriger Nutzung und Offenlegung, Bundestag – 19. Wahlperiode, Zu § 8 (Auskunft über rechtsverletzende Produkte; Schadensersatz bei Verletzung der Auskunftspflicht), Drucksache 19/4724, S. 31 f. 从对该条的解读看，立法者明确将商业秘密与知识产权相区分。

[14] 为了与第10条的"损害赔偿请求权"相区分，该请求权可称为"基于违反提供资讯义务而发生的损害赔偿请求权"。

[15] 第8条第1款规定"商业秘密所有人可以请求侵权人提供以下资

讯"。这里明确了义务主体为侵权人。

[16] 这里应区分两类不同的义务：第1款规定的是侵权人有提供资讯的义务；第2款涉及的则是违反第1款义务应承担的"损害赔偿义务"（第8条第2款用语为"verpflichtet sein"，即"有义务"；"verpflichtet"的动词原形为"verpflichten"，含义为"使承担义务"）。在学术界，有时也用"损害赔偿责任"（Schadensersatzhaftung）代替"损害赔偿义务"。Vgl. Köhler/Bornkamm/Feddersen, UWG 40. Auflage 2022, Alexander, GeschGehG § 8 Auskunft über rechtsverletzende Produkte; Schadensersatz bei Verletzung der Auskunftspflicht, Rn. 30 f.

[17] Vgl. Entwurf eines Gesetzes zur Umsetzung der Richtlinie (EU) 2016/943 zum Schutz von Geschäftsgeheimnissen vor rechtswidrigem Erwerb sowie rechtswidriger Nutzung und Offenlegung, Bundestag – 19. Wahlperiode, Zu § 10 (Haftung des Rechtsverletzers), Zu Absatz 1, Drucksache 19/4724, S. 32 f.

[18] 由于德国《商业秘密保护法》侵权行为规范第4条与损害赔偿请求权规范第10条的分离，极易导致两种因果关系的误判，即将责任范围的因果关系误认为责任成立的因果关系。为避免此种误判，在此须将侵权行为规范作为请求权规范构成要件的补充加以考虑。在德国法律中，请求权规范构成要件既可存在于完全性法条之中，无须不完全性法条（或称"辅助性规范"）的补充，如德国《民法典》第823条第1款（原文：Wer vorsätzlich oder fahrlässig das Leben, den Körper, die Gesundheit, die Freiheit, das Eigentum oder ein sonstiges Recht eines anderen widerrechtlich verletzt, ist dem anderen zum Ersatz des daraus entstehenden Schadens verpflichtet.），也可通过其他不完全性法条的补充得以完备，如德国《商业秘密保护法》第4条侵权行为规范对第10条第1款的损害赔偿请求权规范构成要件的补充。参

见王泽鉴：《王泽鉴法学全集·第九卷——法律思维与民法实例》，中国政法大学出版社2003年版，第69页至第73页，第187页，第249页；[德]迪特尔·梅迪库斯：《请求权基础》，陈卫佐、田士永、王洪亮、张双根译，法律出版社2012年版，第167页至第172页。Vgl. Hemmer/Wüst, die 45 wichtigsten Fälle zum Deliktsrecht, 2. Auflage, August 2005; Köhler/Bornkamm/Feddersen, UWG 41. Auflage 2023, Alexander, GeschGehG § 10 Haftung des Rechtsverletzers, Rn. 17 ff. Bürgerliches Gesetzbuch (BGB), Bürgerliches Gesetzbuch in der Fassung der Bekanntmachung vom 2. Januar 2002 (BGBl. I S. 42, 2909; 2003 I S. 738), das zuletzt durch Artikel 4 des Gesetzes vom 25. Oktober 2023 (BGBl. 2023 I Nr. 294) geändert worden ist, S. 252.

[19] Vgl. Entwurf eines Gesetzes zur Umsetzung der Richtlinie (EU) 2016/943 zum Schutz von Geschäftsgeheimnissen vor rechtswidrigem Erwerb sowie rechtswidriger Nutzung und Offenlegung, Bundestag – 19. Wahlperiode, Zu § 10 (Haftung des Rechtsverletzers), Zu Absatz 2, Drucksache 19/4724, S. 32 f.

[20] Vgl. Entwurf eines Gesetzes zur Umsetzung der Richtlinie (EU) 2016/943 zum Schutz von Geschäftsgeheimnissen vor rechtswidrigem Erwerb sowie rechtswidriger Nutzung und Offenlegung, Bundestag – 19. Wahlperiode, Zu § 10 (Haftung des Rechtsverletzers), Zu Absatz 2, Drucksache 19/4724, S. 32 f.

[21] "企业主"（Inhabers eines Unternehmens）也可以翻译为"企业所有人"。该概念源于2004年修改后的德国《反不正当竞争法》第17条。根据学术界的解读，"企业主"是管理公司的"法人实体"（德文为Rechtsperson；目前作者尚未见到中文文献对"Rechtsperson"有明确的翻译，此处为暂译；从学术界的理解看，"法人实体"可以涵盖自然人和法人；"法人"的德文

为"juristischen Personen"），并在其业务活动过程中享有权利和承担义务。除自然人和法人（juristischen Personen）外，其他法律主体也可以成为"企业主"，前提是按照法律规范（Rechtsordnung）其能够享有权利和承担义务。可见，"企业主"是"法人"的上位概念，两者并不是相等的概念。由于德国企业类型繁多，对于谁可以成为"企业主"，只能在个案中依据具体规定和具体情况来认定。按照谁主张谁举证的原则，请求人应对此负举证责任。Vgl. Köhler/Bornkamm/Feddersen, UWG 40. Auflage 2022, Alexander, GeschGehG § 12 Haftung des Inhabers eines Unternehmens, Rn. 18 f. Entwurf eines Gesetzes zur Umsetzung der Richtlinie (EU) 2016/943 zum Schutz von Geschäftsgeheimnissen vor rechtswidrigem Erwerb sowie rechtswidriger Nutzung und Offenlegung, Bundestag – 19. Wahlperiode, Zu § 12 (Haftung des Inhabers eines Unternehmens), Drucksache 19/4724, S. 33 f.

[22] 该法第10条并没有明确规定"损害赔偿请求权"普通消灭时效期间。除了该法第13条涉及特殊消灭时效期间，其余请求权均适用普通消灭时效期间。如果该特殊消灭时效期间自权利可行使之时起超过六年，则被请求人可针对请求人的请求权提出权利不可行使之抗辩。

[23] Vgl. Köhler/Bornkamm/Feddersen, UWG 40. Auflage 2022, Alexander, GeschGehG § 9 Anspruchsausschluss bei Unverhältnismäßigkeit, Rn. 8 f.

[24] Vgl. Köhler/Bornkamm/Feddersen, UWG 40. Auflage 2022, Alexander, GeschGehG § 9 Anspruchsausschluss bei Unverhältnismäßigkeit, Rn. 15 f.

[25] Vgl. Entwurf eines Gesetzes zur Umsetzung der Richtlinie (EU) 2016/943 zum Schutz von Geschäftsgeheimnissen vor rechtswidrigem Erwerb sowie rechtswidriger Nutzung und Offenlegung,

Bundestag – 19. Wahlperiode, Zu § 9 (Anspruchsausschluss bei Unverhältnismäßigkeit), Drucksache 19/4724, S. 31 f.

[26] Vgl. Köhler/Bornkamm/Feddersen, UWG 40. Auflage 2022, Alexander, GeschGehG § 9 Anspruchsausschluss bei Unverhältnismäßigkeit, Rn. 36 f. 德国学者Dreier在对德国《著作权与邻接权法》第98条"销毁、召回和转让请求权"（Anspruch auf Vernichtung, Rückruf und Überlassung）第4款进行解读时明确指出，侵权人须对排除销毁、召回和转让请求权说明理由。可见，依据德国学术界的观点，若当事人主张排除某项私法上的请求权，须对该主张说明理由。Vgl. Dreier/Schulze, Urheberrechtsgesetz 7. Auflage 2022, Dreier, UrhG § 98 Anspruch auf Vernichtung, Rückruf und Überlassung, Rn. 26.

[27] 见本书第二部分第二章第11条、第12条。

[28] Vgl. Entwurf eines Gesetzes zur Umsetzung der Richtlinie (EU) 2016/943 zum Schutz von Geschäftsgeheimnissen vor rechtswidrigem Erwerb sowie rechtswidriger Nutzung und Offenlegung, Bundestag –19. Wahlperiode, Zu § 11 (Abfindung in Geld), Zu Absatz 1, Drucksache 19/4724, S. 33 f.

[29] Vgl. Köhler/Bornkamm/Feddersen, UWG 40. Auflage 2022, Alexander, GeschGehG § 11 Abfindung in Geld, Rn. 15 f.

[30] 根据德国《民法典》第195条，普通消灭时效期间为三年。此处所说的"商业秘密所有人有权提出不作为请求权的期限内"是指在普通消灭时效期间未届满之前。

[31] Vgl. Gesetz zur Stärkung des fairen Wettbewerbs vom 26. November 2020, Bundesgesetzblatt Jahrgang 2020 Teil I Nr. 56, ausgegeben zu Bonn am 1. Dezember 2020, S. 2568 f.

[32] Vgl. Köhler/Bornkamm/Feddersen, UWG 40. Auflage 2022, Alexander, GeschGehG § 14 Missbrauchsverbot, Rn. 11 f.

[33] 2020年11月26日修订前的德国《反不正当竞争法》第8条第4款第1句原文为:"Die Geltendmachung der in Absatz 1 bezeichneten Ansprüche ist unzulässig, wenn sie unter Berücksichtigung der gesamten Umstände missbräuchlich ist, insbesondere wenn sie vorwiegend dazu dient, gegen den Zuwiderhandelnden einen Anspruch auf Ersatz von Aufwendungen oder Kosten der Rechtsverfolgung entstehen zu lassen." Vgl. Gesetz gegen den unlauteren Wettbewerb in der Fassung der Bekanntmachung vom 3. März 2010 (BGBl. I S. 254), das zuletzt durch Artikel 4 des Gesetzes vom 17. Februar 2016 (BGBl. I S. 233) geändert worden ist, S. 7 f.

[34] 此外,《草案》还援引了《指令》立法理由说明(22)对权利滥用行为的列举,即提出请求权是为了以不合理的方式拖延或限制被请求人进入市场,或以其他方式恐吓被请求人或给其带来困难(In der Richtlinie-EU-2016/943 werden in Erwägungsgrund 22 als weitere Beispiele genannt, dass Ansprüche gestellt werden, um den Marktzugang des Antragsgegners in unbilliger Weise zu verzögern oder zu beschränken oder ihn auf andere Weise einzuschüchtern oder ihm Schwierigkeiten zu bereiten.)。Vgl. Entwurf eines Gesetzes zur Umsetzung der Richtlinie (EU) 2016/943 zum Schutz von Geschäftsgeheimnissen vor rechtswidrigem Erwerb sowie rechtswidriger Nutzung und Offenlegung, Bundestag – 19. Wahlperiode, Zu § 14 (Missbrauchsverbot), Drucksache 19/4724, S. 34 f.

[35] 值得注意的是,2021年5月31日由最高人民法院审判委员会第1840次会议通过的《最高人民法院关于知识产权侵权诉讼中被告以原告滥用权利为由请求赔偿合理开支问题的批复》明确批复,在知识产权侵权诉讼中,被告提交证据证明原告的起诉构成法律规定的滥用权利损害其合法权益,依法请求原告赔偿其因该

诉讼所支付的合理的律师费、交通费、食宿费等开支的，人民法院依法予以支持。被告也可以另行起诉请求原告赔偿上述合理开支。见《最高人民法院关于知识产权侵权诉讼中被告以原告滥用权利为由请求赔偿合理开支问题的批复》，载最高人民法院网（https://www.court.gov.cn/zixun/xiangqing/307061.html），2024年2月20日访问。

五、商业秘密刑事保护

该法第23条涉及侵犯商业秘密的刑罚规定。该规定脱胎于原德国《反不正当竞争法》第17条至第19条。[1]德国《商业秘密保护法》颁布后，德国《反不正当竞争法》第17条至第19条的原有规定随即被删除。尽管在德国《商业秘密保护法》第23条中还可以看到修改前的德国《反不正当竞争法》第17条至第19条的部分痕迹，但两者却不可同日而语，因为该法第23条关于侵犯商业秘密的刑罚规定是以该法第4条所禁止的侵犯商业秘密行为为前提，并构成商业秘密保护的重要组成部分。因此，不能说第23条是对修改前的德国《反不正当竞争法》第17条至第19条的简单移植或保留，而是在适应德国《商业秘密保护法》体系的基础之上对其进行了全面调整和升级，从而使该法对商业秘密的保护更加全面。该法第23条共有8款，可分为两部分：第一部分为商业秘密刑事保护（strafrechtlicher Schutz von Geschäftsgeheimnissen）的基本规定。该部分有

4款，区分了四种非法侵犯商业秘密的行为（见图3）。第二部分为商业秘密刑事保护的补充规定，其亦为附属刑法（Nebenstrafrecht）的重要组成部分。

（一）商业秘密刑事保护的基本规定

1. 非法获取、使用或披露商业秘密的行为

根据第1款，非法侵犯商业秘密的行为可分为三种：非法获取商业秘密的行为、非法使用或者披露商业秘密的行为以及雇员非法披露商业秘密的行为。对于这三种行为，均处三年以下有期徒刑或者罚金。

（1）非法获取商业秘密的行为。根据第1款第1项的规定，该行为属于违反该法第4条第1款第1项获取商业秘密的行为，即未经授权"获取"商业秘密或者秘密载体的行为。虽然第4条第1款第1项的规定与修改前的德国《反不正当竞争法》第17条第2款第1项的规定相似，但前者更加明确和详细。该行为的犯罪构成要件涉及以下几个方面：第一，客观构成要件。该行为须符合第4条第1款第1项所规定的获取商业秘密的行为要件。第二，主观构成要件。主观构成要件包括故意和"其他主观构成要件要素"（Sonstige subjective Tatbestandsmerkmale）两个方面：其一，行为人主观方面须为故意；其二，其他主观

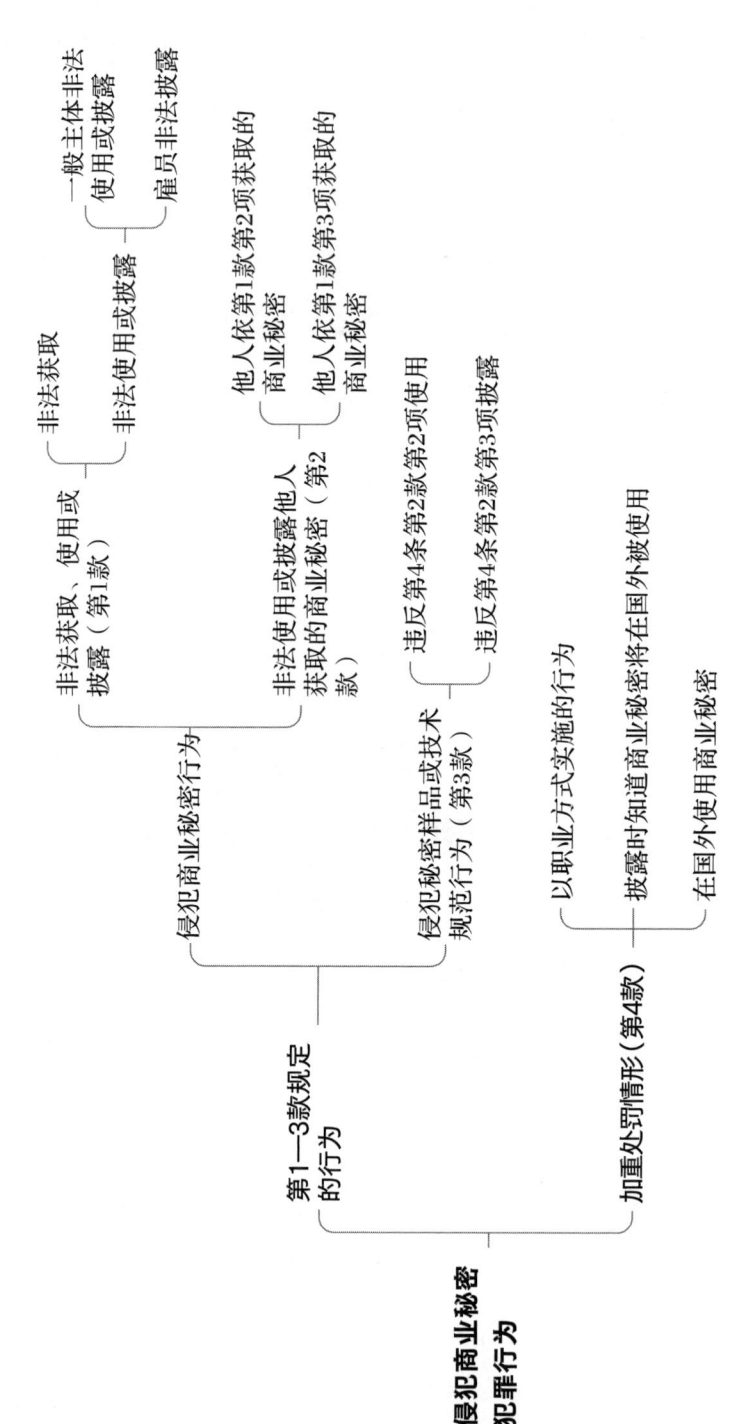

图 3　侵犯商业秘密犯罪行为分类

构成要件要素须符合"为了促进自己或他人的竞争、出于私利、有利于第三人或者意图对企业主造成损害"。第三，违法性和责任性。该行为须具有违法性和责任性。[2]

（2）非法使用或者披露商业秘密的行为。根据第1款第2项的规定，该行为属于违反该法第4条第2款第1项a使用或者披露商业秘密的行为，即对违反该法第4条第1款第1项所获取的商业秘密的使用或者披露行为。同样，第4条第2款第1项a的规定与修改前的德国《反不正当竞争法》第17条第2款第2项的规定相似，但前者更加明确。该行为的犯罪构成要件涉及以下几个方面：第一，客观构成要件。该行为须具备第4条第2款第1项a所规定的使用或者披露商业秘密的行为要件。第二，主观构成要件。主观构成要件包括故意和其他主观构成要件要素两个方面：其一，行为人主观方面须为故意；其二，其他主观构成要件要素同样须符合"为了促进自己或他人的竞争、出于私利、有利于第三人或者意图对企业主造成损害"。第三，违法性和责任性。该行为同样须具有违法性和责任性。

（3）雇员非法披露商业秘密的行为。根据第1款第3项的规定，该行为属于雇员违反该法第4条第2款第3项规定非法披露商业秘密的行为。第4条第2款第3项的规定与修改前的德国《反不正当竞争法》第17条第1款的规定相似，但相比之下还是前者更加明确。该行为的犯罪构成要件涉及以下几个方面：第一，客观构成要件。该行为须具备第4条第2款第3项所规定的披露商业秘密的行为要件。另外，行为主体须为企业雇员，即受雇于企业的人员（eine bei einem Unternehmen beschäftigte Person）。第二，主观构成要件。主观构成要件包括故意和其他主观构成要件要素两个方面：其一，行为人主观方面须为故意；其二，其他主观构成要件要素也须符合"为了促进自己或他人的竞争、出于私利、有利于第三人或者意图对企业主造成损害"。第三，违法性和责任性。该行为同样须具有违法性和责任性。

2. 非法使用或者披露通过他人获取的商业秘密的行为

按照第2款，非法使用或者披露通过他人获取的商业秘密的行为可分为两种：使用或者披露通过他人根据第1款第2项获取的商业秘密的行为和使用或者披露通过他人根据第1款第3项获取的商业秘密的行为。修改前的德国《反不正当竞争法》第17条第2款第2项虽有相似的规定，但不及该款详细。对于这两种行为，均处三年以下有期徒刑或者罚金。

（1）使用或者披露通过他人根据第1款第2项获取的商业秘密的行为。该行为的犯罪构成要件包括：第一，客观构成要件。其一，该使用或者披露行为的对象须为他人根据第1款第

2项获得的商业秘密；其二，有使用或者披露行为。第二，主观构成要件。主观构成要件包括故意和其他主观构成要件要素两个方面。其一，行为人主观方面须为故意；其二，其他主观构成要件要素也须符合"为了促进自己或他人的竞争、出于私利、有利于第三人或者意图对企业主造成损害"。第三，违法性和责任性。该行为同样须具有违法性和责任性。

（2）使用或者披露通过他人根据第1款第3项获取的商业秘密的行为。该行为的犯罪构成要件包括：第一，客观构成要件。其一，该使用或者披露行为的对象须为他人（指雇员）根据第1款第3项获得的商业秘密；其二，有使用或者披露行为。第二，主观构成要件。主观构成要件包括故意和其他主观构成要件要素两个方面。其一，行为人主观方面须为故意；其二，其他主观构成要件要素同样须符合"为了促进自己或他人的竞争、出于私利、有利于第三人或者意图对企业主造成损害"。第三，违法性和责任性。该行为也须具有违法性和责任性。

3. 非法使用或披露秘密样品或技术规范的行为

根据第3款，非法使用或披露秘密样品（geheime Vorlage）或技术规范（Vorschrift technischer Art）的行为也可分为两种：违反限制使用商业秘密义务非法使用秘密样品或技术规范的行为和违反不披露商业秘密义务非法披露秘密样品或技术规范的行为。该条源于修改前的德国《反不正当竞争法》第18条。与第1款和第2款的刑事处罚相比，对于这两种行为的刑事处罚略轻，均处两年以下有期徒刑或者罚金。

（1）非法使用秘密样品或技术规范的行为。该行为的犯罪构成要件包括：第一，客观构成要件。其一，该使用行为的对象须为在商业交易中被委托的秘密样品或技术规范；其二，须有违反第4条第2款第2项（违反限制使用商业秘密义务）的使用行为。第二，主观构成要件。主观构成要件包括故意和其他主观构成要件要素两个方面。其一，行为人主观方面须为故意，即明知违反限制使用商业秘密义务；其二，其他主观构成要件要素须符合"为了促进自己或他人的竞争或者出于私利"。第三，违法性和责任性。该行为须具有违法性和责任性。

（2）非法披露秘密样品或技术规范的行为。该行为的犯罪构成要件包括：第一，客观构成要件。其一，该披露行为的对象须为在商业交易中被委托的秘密样品或技术规范；其二，须有违反第4条第2款第3项（违反不披露商业秘密义务）的披露行为。第二，主观构成要件。主观构成要件包括故意和其他主观构成要件要素两个方面。其一，行为人主观方面须为故意，即明知违反不披露商业秘密义务；其二，其他主观构成要件要素同样须符合"为了促进自己或他人的竞争或者出于私利"。

第三，违法性和责任性。该行为亦须具有违法性和责任性。

4. 加重处罚情形

第4款对加重处罚情形（strafverschärfende Qualifikationen）作出规定，包括在特定情形下以职业方式实施犯罪行为（gewerbsmäßig handelt）、知道商业秘密将在国外被使用而对其披露的行为以及在国外使用商业秘密的行为。该条源于修改前的德国《反不正当竞争法》第17条第4款。与第1款、第2款及第3款的刑事处罚相比，对这三种行为的刑事处罚属于加重处罚，即处五年以下有期徒刑或者罚金。

（1）以职业方式实施的犯罪行为。该行为的犯罪构成要件包括：第一，须满足第1款非法获取、使用或披露商业秘密行为和第2款非法使用或者披露通过他人获取商业秘密行为的构成要件。第二，须以职业方式实施犯罪行为。对于什么是以职业方式实施的犯罪行为，《草案》并没有作出解释。不过，德国学者对该行为已有所定义：任何欲以反复犯罪作为一定期限和范围持续收入来源的人，其行为属于以职业方式实施犯罪行为。对此，出于该意图而首次犯罪为足够。[3]

（2）知道商业秘密将在国外被使用而对其披露的行为。该行为的犯罪构成要件包括：第一，须满足第1款第2项非法使用或者披露商业秘密行为、第3项雇员非法披露商业秘密行为以及第2

款非法使用或者披露通过他人获取的商业秘密行为的构成要件。第二，行为人在披露时知道商业秘密将在国外被使用。

（3）在国外使用商业秘密的行为。该行为的犯罪构成要件包括：第一，须满足第1款第2项非法使用或者披露商业秘密行为和第2款非法使用或者披露通过他人获取商业秘密行为的构成要件。第二，须有在国外使用商业秘密的行为。

（二）商业秘密刑事保护的补充规定

第5款至第8款为补充规定，其内容包括：（1）第5款对未遂是否应受处罚作出规定，明确了未遂与既遂一样亦应受到处罚。（2）第6款对德国《刑事诉讼法》（Strafprozeßordnung，缩写为StPO）相关规定的适用作出规定，即德国《刑事诉讼法》第53条第1款第1句第5项所述人员的援助行为仅限于接收、评估或公布商业秘密的，则不属于违法行为。（3）第7款对德国《刑法典》相关规定的适用作出规定，即除了德国《刑法典》第5条第7项相应适用，行为人为了促进自己或他人的竞争或者出于私利实施行为的，德国《刑法典》第30条和第31条也相应适用。[4]（4）第8款对告诉才处理作出规定，即除非刑事追究机关认为，因刑事追究的特殊公共利益依职权进行查处是必要的，否则第23条所列举的行为属于告诉才处理。

注释

[1] 2016年2月17日修改后的德国《反不正当竞争法》第17条的条文名称为"商业秘密和经营秘密的泄露"（Verrat von Geschäfts- und Betriebsgeheimnissen）、第18条的条文名称为"样品的使用"（Verwertung von Vorlagen）、第19条的条文名称为"引诱泄露和自愿泄露"（Verleiten und Erbieten zum Verrat）。2023年10月8日修改后的德国《反不正当竞争法》第17条和第18条显示"废止"（weggefallen），第19条的条文名称为"因严重违法以及因严重违法在联盟层面的罚款规定"（Bußgeldvorschriften bei einem weitverbreiteten Verstoß und einem weitverbreiteten Verstoß mit Unions-Dimension）。Vgl. Gesetz gegen den unlauteren Wettbewerb in der Fassung der Bekanntmachung vom 3. März 2010 (BGBl. I S. 254), das zuletzt durch Artikel 4 des Gesetzes vom 17. Februar 2016 (BGBl. I S. 233) geändert worden ist, S. 10 f. Gesetz gegen den unlauteren Wettbewerb in der Fassung der Bekanntmachung vom 3. März 2010 (BGBl. I S. 254), das zuletzt durch Artikel 13 des Gesetzes vom 8. Oktober 2023 (BGBl. 2023 I Nr. 272) geändert worden ist, S. 14 f.

[2] 此处所说的"犯罪构成要件"（Straftatbestände）系采德国"三阶层犯罪构成体系"（dreistufiger Verbrechensaufbau）。该体系包括三个递进的组合条件。第一阶层为构成要件该当性（Tatbestandsmäßigkeit），或称构成要件符合性，包括客观构成要件（Objektiver Tatbestand）和主观构成要件（Subjektiver Tatbestand）。主观构成要件还可区分为"故意"（Vorsatz）和"其他主观构成要件要素"（Sonstige subjective Tatbestandsmerkmale）。也有学者不使用"其他

主观构成要件要素"的表述，而使用"特殊的主观条件"（Besondere subjektive Voraussetzungen）的表述。第二阶层为违法性（Rechtswidrigkeit）。第三阶层为责任性（Schuld），包括责任能力（Schuldfähigkeit）、特殊责任要素（Spezielle Schuldmerkmale）、责任形式（Schuldform）、不法意识（Unrechtsbewusstsein）、道歉理由（Entschuldigungsgründe）。Vgl. Fritjof Haft, Strafrecht Allgemeiner Teil, 5. Auflage, S. 22 ff. 283 ff. Köhler/Bornkamm/Feddersen, UWG, 40. Auflage 2022, Alexander, GeschGehG § 23 Verletzung von Geschäftsgeheimnissen, Rn. 41-47.

[3] Vgl. Rengier, StrafR BT I, 22. Auflage München 2020, § 3 Rn. 34; Lackner/Kühl/Heger, StGB, Heger, 30. Auflage München 2023, vor § 52 Rn. 20.

[4] Vgl. Strafgesetzbuch in der Fassung der Bekanntmachung vom 13. November 1998 (BGBl. I S. 3322), das zuletzt durch Artikel 1 des Gesetzes vom 26. Juli 2023 (BGBl. 2023 I Nr. 203) geändert worden ist, S. 23, 28 f.

六、商业秘密保护的程序规定

该法第三章对商业秘密争议案件程序（Verfahren in Geschäftsgeheimnisstreitsachen）作出规定。[1] 与对诉讼程序作出一般规定的德国《民事诉讼法》（Zivilprozessordnung，缩写为ZPO）和德国《法院组织法》（Gerichtsverfassungsgesetz，缩写为GVG）不同，该章对商业秘密争议案件程序的规定属于诉讼程序的特别规定。该章共有8条，可分为四部分：第15条对管辖权作出规定；第16条至第20条对商业秘密在程序中的保护作出规定；第21条对判决的公布作出规定；第22条对诉讼标的金额的优惠调整作出规定。

（一）事务管辖、地域管辖与法规授权

第15条共有3款，分别对事务管辖（sachliche Zuständigkeit）、地域管辖（örtliche Zuständigkeit）和法规授权（Verordnungsermächtigung）作出规定。

第1款首先对事务管辖作出明确规定，即对在普通法院（ordentliche Gerichte）[2]根据该法主张请求权的诉讼，不考虑诉讼标的金额，州法院有专属管辖权。据此，虽然明确了州法院对商业秘密纠纷案件有管辖权，但仍不清楚哪一个州法院有管辖权。

接下来，第2款对此作出进一步规定：在州法院中，仅被告所在地的法院有管辖权；如果被告在德国无住所，行为发生地的法院有管辖权。该款涉及的地域管辖可进一步区分为一般地域管辖（该款采用"普通审判籍"术语）和特殊地域管辖。该款第1句涉及的是一般地域管辖，第2句涉及的则为特殊地域管辖。[3]

第3款涉及法规授权，有三层含义：一是各州政府通过法规可将根据第1款在多个州法院管辖区提起的诉讼分配给一个州法院；二是各州政府可通过法规将此授权委托给各州司法行政部门（Landesjustizverwaltungen）；三是各州可通过协议将根据第1款提起的归属于一个州法院的诉讼全部或部分移交给另一个州有管辖权的法院（zuständiges Gericht）。

（二）商业秘密在程序中的保护

第16条至第20条对商业秘密在程序中的保护作出规定。第

16条和第17条分别对归类为需要保密的信息与保密义务以及违反保密义务的法律后果作出规定；第18条则对司法程序结束后的保密义务作出规定；第19条对相关司法限制作出规定；第20条则对依据第16条第1款及第19条第1款和第2款采取措施的程序作出进一步规定。

1. 归类为需要保密的信息与保密义务

第16条第1款对归类为"需要保密"（geheimhaltungsbedürftig）的信息作出规定。依据该款规定，归类为需要保密信息的条件是：其一，有争议的信息可能属于商业秘密；其二，须在根据本法主张请求权的诉讼中由一方当事人提出该信息应归类为需要保密信息的申请；其三，须由本案法院（Gericht der Hauptsache）对该信息是否应归类为需要保密的信息作出裁定（Beschluss）。[4]

第16条第2款对保密义务及应遵守保密义务的主体作出规定。根据该款规定，当事人及其代理人、证人、专家、其他代表以及涉及商业秘密争议或接触此类程序文件的任何其他人必须以保密的方式对待这些被归类为需要保密的信息，并不得在司法程序之外使用或披露这些信息。

此外，第16条第3款涉及第三人对案卷查阅的规定。第三人查阅案卷的条件是：其一，该第三人须得到授权；其二，查阅的案卷仅限于法院根据第1款作出的裁定；其三，查阅的案卷所含商业秘密的表述已经被处理得不可辨认。

2. 违反义务的法律后果与程序结束后的义务

根据第17条的规定，违反第16第2款规定的保密义务，本案法院可根据一方当事人的申请采取以下维护秩序的"秩序措施"（Ordnungsmittel）：其一，单独处以最高10万欧元的违反秩序罚款（Ordnungsgeld）；其二，单独处以最高6个月的违反秩序拘留（Ordnungshaft）；其三，同时处以前两项处罚。[5]

依据第18条的规定，第16第2款规定的保密义务在司法程序结束后仍继续存在，但有例外规定。如果满足了下列条件之一，即本案法院通过有效判决否定了诉讼标的涉及的商业秘密（streitgegenständliches Geschäftsgeheimniss）的存在的，或者诉讼标的涉及的信息（streitgegenständliche Informationen）为业内通常处理此类信息的人员所知悉或易于被其获得的，则该规定不适用。

3. 其他司法限制

除了第16条提供的基本保护，为了进一步加强商业秘密的保护，第19条第1款和第2款规定，法院可以根据当事人的申请作出以下限制：第一类限制，接触文件和参加庭审人数的限制。第19条第1款第1句对此进一步区分了两种限制：

在当事人或者第三人提交或出具了可能含有商业秘密的文件时，则可对接触文件人数作出限制；在言词辩论（mündliche Verhandlung）及其记录可能披露商业秘密时，则可对参加言词辩论的人数作出限制。第二类限制，言词辩论公开的限制。根据第2款第1项的规定，当事人可以申请排除言词辩论的公开，即申请不公开审理。第三类限制，查阅案卷的限制。根据第2款第2项的规定，第16条第3款所规定的查阅案卷的条件对未授权人员同样适用。

此外，根据第19条第3款，本案法院已根据第16条第1款将信息归类为需要保密的信息的，或已根据第1款第1句实施了补充限制的，则第16条至第19条第1款和第2款在强制执行程序中相应地适用。

4. 根据第16条至第19条采取措施的程序

第20条对依据第16条第1款及第19条第1款和第2款采取措施的程序作出规定。该规定的具体内容包括：

（1）采取措施的起算时间。

虽然第16条第1款对归类为需要保密的信息作出规定、第19条第1款对接触文件和参加言词辩论人数限制作出规定，但并没有明确具体的起算时间。第20条第1款对此加以明确，即本案法院可从发生"系属"（Anhängigkeit des Rechtsstreits）

时起采取措施。[6] 该规定明确地表明了立法者的态度，即法院在发生系属时即可对商业秘密采取保护措施，而不是等到发生"诉讼系属"（Rechtshängigkeit）时才采取保护措施。这样的规定有助于在程序中加强对商业秘密的保护。

（2）合法听证的保证（Gewährung rechtlichen Gehörs）。

为了保证另一方当事人听证的权利，第20条第2款对合法听证（rechtliches Gehör）作出规定。然而，与一般听证不同，听证的时间可以被安排在采取措施之后。对此，立法者主要是基于这样的考虑，即在采取措施之前安排另一方当事人的听证可能会影响到商业秘密保护。[7] 此外，该款还规定，法院在听取当事人的陈述后，发现有不实之处，可以撤销或者变更依据第16条第1款作出的归类。

（3）申请的具体要求。

第20条第3款和第4款对申请提出具体要求，其内容包括：

①申请内容的范围。第3款和第4款对申请提出的具体要求是以第16条第1款和第19条第1款规定的内容为前提的，即申请内容的范围仅限于"归类为需要保密的信息"和"接触文件及参加庭审人数的限制"。

②申请人的释明责任（Last der Glaubhaftmachung）。第3款明确规定，申请的当事人须释明（使人确信），诉讼标的

的信息涉及商业秘密。[8] 这里涉及的即申请人的释明责任。从现有文献及相关法律规定看，所谓释明责任是指申请人或当事人应通过提供证据及证明使法官确信其主张的真实性。依据法官对当事人提供证据的确信程度，有德国学者将其分为"完全确信"（volle Überzeugung）和"稍低程度的确信"（geringer Grad von Überzeugung）两类。前者为提供"完全证据"（voller Beweis）的结果，后者则为提供"非完全证据"的结果。如果当事人须通过提供证据及证明使法官以稍低程度确信其主张的真实性，德国《民事诉讼法》将此称为"释明"（Glaubhaftmachung）。[9] 德国《民事诉讼法》多个条文都涉及"释明"规定，如该法第294条即为"释明"条文，且条文名称标示为"释明"。[10] 不过，"释明"的适用须有法律上的明确规定。据此，第3款为"释明"规定，因为该款并不要求申请人通过举证使法官完全确信其主张的真实性，而仅要求以稍低程度确信即为足够。

③申请人的其他义务。第20条第4款对申请人的其他义务作出规定，其内容包括：

第一，申请人须提交已经标示出含有商业秘密表述的文件和其他材料。根据该款的规定，这些文件和材料或是通过申请被提交，或是根据第16条第1款发布的命令被提交，或是根据

第19条第1款第1句第1项发布的命令被提交。

第二，该当事人还必须附带提供一个不泄露商业秘密可查看的版本。没有此类降低商业秘密版本被提供的，法院可以推定为同意审阅。

④裁判形式与法律救济。第5款对裁判形式与法律救济作出规定，内容包括：

第一，法院应通过裁定对申请作出裁判。

第二，法院准予申请的，则必须告知当事人根据第16条第2款和第18条发布命令的效力，以及根据第17条产生的违法行为后果。

第三，法院打算驳回申请的，必须将其告知提出申请的当事人并对此说明理由，同时给予该当事人在确定期限内发表意见的机会。

第四，针对保密令（Anordnung der Geheimhaltungsbedürftigkeit；根据第16条第1款发布的需要保密归类命令）和限制令（Anordnung der Beschränkung；根据第19条第1款发布的限制命令）的异议（Anfechtung）只能随本案上诉（Rechtsmittel）的提起而提出。按照立法者的解释，第5款涉及的裁定被明确区分为两种不同的裁定，即批准申请裁定（stattgebender Beschluss）和驳回申请裁定（ablehnender Beschluss）。此处的异议是指对批准裁定的异议。因为保密令或限制令已为商业秘密提供了保护，故对其异议没有紧迫性，无须提起即时抗告。另外，此处所说的上诉仅限于不服第一审所作的终局判决而提起的控诉（Berufung）。[11]

第五，对驳回申请裁定的异议，则可以即时抗告（Sofortige Beschwerde）方式提出。[12] 由于驳回申请使得可能存在的商业秘密处于无保护状态，故对其异议具有紧迫性，可提起即时抗告。

（三）判决的公布

按照立法者的解读，无论是哪一方胜诉，判决的公布都可以威慑潜在的侵权人，并向公众表明商业秘密被他人非法使用或披露。[13] 第21条对判决的公布作出规定，内容包括：

1. 公布的条件

第1款对公布的条件作出规定。公布的条件为：其一，主体须为胜诉的当事人（die obsiegende Partei）。据此，该规定只认胜诉方，而不考虑是原告还是被告。其二，胜诉方须提出申请。即使是部分胜诉，同样享有此权利。其三，胜诉方须阐述正当利益。其四，公布的对象为判决或判决信息，即在判决主文（Urteilsformel）中明确授权胜诉方，其可以公开的方式发布判决或判决信息。其五，败诉方（die unterliegende Partei）须承担公布费用。其六，公布的形式和范围应在判决主文中确定，并考虑到判决书所列人员的正当利益。

2. 公布的标准

第2款列出了法院在评估胜诉方对公布判决或有关判决信息是否有正当利益时应考虑的标准。这些标准包括：

（1）商业秘密的价值；

（2）侵权人获取、使用或者披露商业秘密的行为；

（3）非法使用或披露商业秘密的后果；

（4）侵权人进一步非法使用或披露商业秘密的可能性。

不过，《草案》认为该列表并不详尽，法院在审查比例性时可以进一步考虑相关标准。

3. 公布的时间

根据第3款，除非法院另有决定，判决仅可在产生既判力[14]（Rechtskraft）后被公布。

（四）诉讼标的金额的优惠

第22条对诉讼标的金额的优惠作出规定。所谓诉讼标的金额的优惠（Streitwertbegünstigung）是指在满足一定条件下法院对申请人的诉讼费用（Prozesskosten）给予一定优惠调整，即支付法院费用（Gerichtskosten）、律师费用（Gebühren des Rechtsanwalts）的义务不是按照全部标的金额确定，而是按照适应其经济状况的部分标的金额来确定。该规定源于德国《反不正当竞争法》第12条第4款关于诉讼标的金额的降低（Streitwertminderung）的规定，并重新加以调整。[15] 其内容包括：

1. 优惠调整的适用条件

按照第1款和第2款，优惠调整的适用条件为：

第一，当事人须提出优惠调整申请。提出申请的主体不限于被告，原告也可以提出优惠调整申请。

第二，诉讼费用负担将严重危及其经济状况。

第三，申请人须对此释明。这里的规定与该法第20条第3款相同，要求申请人负释明责任，即其通过提供证据和证明应使法官以稍低程度确信其主张的真实性。

第四，优惠调整仅限于规定的范围。第1款规定的优惠调整为申请人法院费用的优惠；第2款规定的优惠调整范围包括：受益方律师费用的支付、对方支付的法院费用和律师费用的偿还以及受益方律师法庭外费用（außergerichtlichen Kosten）的索回。

2. 申请时间与法院决定

依据第3款的规定，优惠调整申请须在案件审理之前提出。对于被告来说，时间虽短，但其仍可在收到诉状后案件审理之前提出优惠调整申请。作为例外，只有假定或确定的诉讼标的金额被法院提高时，才允许当事人在案件审理之后提出优惠调整申请。

第3款还对合法听证作出规定，即法院对申请作出批准决定前，必须听取对方的意见。

注释

[1] 关于"商业秘密争议案件程序"(Verfahren in Geschäftsgeheimnisstreitsachen)的注释,见本书第二部分第三章注释[1]。

[2] 关于"普通法院"(ordentliche Gerichte)的注释,见本书第二部分第三章注释[3]。

[3] "事务管辖"和"地域管辖"是德国《民事诉讼法》第一编(总则)第一章(法院)对管辖的基本分类。哪一级法院(初级法院或州法院)对一审有管辖权,取决于事务管辖规则。根据德国《法院组织法》第23条的规定,决定标准有两个:一是以诉讼标的金额为标准,其在5000欧元以下的案件由初级法院管辖;二是不考虑诉讼标的金额而是基于特别诉讼标的(Besondere Streitgegenstände)直接由法律规定。德国《商业秘密保护法》第15条第1款所采标准即属于后者。地域管辖规则则确定,同级法院中哪一个法院对一审有管辖权。不过,德国《民事诉讼法》并没有明确使用"地域管辖"的概念,而是采用了审判籍(Gerichtsstand)这一术语(对其注释见本书第二部分第三章注释[6])。相反,德国《反不正当竞争法》在2004年修订前后且直到现在,都明确采用了"事务管辖"和"地域管辖"的概念。显然,德国《商业秘密保护法》所采用的"事务管辖"和"地域管辖"的概念皆源于德国《反不正当竞争法》。此外,该款还使用了"专属管辖"(ausschliessliche Zuständigkeit)的概念。该管辖是指不能通过当事人的协议对其变更,其与"协议管辖"(Vereinbarte Zuständigkeit)相对应。由于"专属管辖"可以覆盖"事务管辖"和"地域管辖",因此又可区分为"专属事务管辖"和"专属地域管辖"。从德国《商业秘密保护法》第15条第

1款的规定可以看出，该款所说的"事务管辖"也是"专属事务管辖"。由此可见，德国法上的"事务管辖"概念类似于我国《民事诉讼法》中的"级别管辖"概念。Vgl. Zivilprozessordnung in der Fassung der Bekanntmachung vom 5. Dezember 2005 (BGBl. I S. 3202; 2006 I S. 431; 2007 I S. 1781), die zuletzt durch Artikel 6 des Gesetzes vom 8. Oktober 2023 (BGBl. 2023 I Nr. 272) geändert worden ist, S. 35 ff. Gerichtsverfassungsgesetz in der Fassung der Bekanntmachung vom 9. Mai 1975 (BGBl. I S. 1077), das zuletzt durch Artikel 2 des Gesetzes vom 25. Oktober 2023 (BGBl. 2023 I Nr. 294) geändert worden ist, S. 7 ff.

[4] 该法第20条第5款规定，法院应通过裁定对申请作出裁判。关于"本案法院"（Gericht der Hauptsache）的规定，见本书第二部分第三章第20条第6款；对其注释，见本书第二部分第三章注释[9]。Vgl. Entwurf eines Gesetzes zur Umsetzung der Richtlinie (EU) 2016/943 zum Schutz von Geschäftsgeheimnissen vor rechtswidrigem Erwerb sowie rechtswidriger Nutzung und Offenlegung, Bundestag – 19. Wahlperiode, Zu § 14 (Missbrauchsverbot), Drucksache 19/4724, S. 34 f. Köhler/Bornkamm/Feddersen, UWG, 40. Auflage 2022, Alexander, GeschGehG § 16 Geheimhaltung, Rn. 27.

[5] 该条规定源于德国《民事诉讼法》第890条【对不作为与容忍的强制】（Erzwingung von Unterlassungen und Duldungen）的规定。谢怀栻翻译的《德意志联邦共和国民事诉讼法》将第890条中的"Ordnungsgeld"翻译为"违警罚款"，将"Ordnungshaft"翻译为"违警拘留"。周翠翻译的德国《民事诉讼法》将前者翻译为"秩序罚款"，将后者翻译为"秩序拘禁"。从涉及该规定的现有文献看，德国《民事诉讼法》第890条中的"Ordnungsgeld"和"Ordnungshaft"均属于民事诉讼中维护诉讼秩序的措施，即对违反诉讼秩序行为采取的罚款和拘留。因此，作者倾向于将

"Ordnungsgeld"翻译为"违反秩序罚款",将"Ordnungshaft"翻译为"违反秩序拘留"。作者认为,这样的翻译可能更符合汉语的表达习惯。参见《德意志联邦共和国民事诉讼法》,谢怀栻译,中国法制出版社2001年版,第246页;[德]奥特马·尧厄尼希:《民事诉讼法》,周翠译,法律出版社2003年版,第184页。Vgl. ZPO § 890 Erzwingung von Unterlassungen und Duldungen, Gruber, Münchener Kommentar zur ZPO, 6. Auflage 2020; Köhler/Bornkamm/Feddersen, UWG, 40. Auflage 2022, Alexander, GeschGehG § 17 Geheimhaltung, Rn. 7-15.

[6] 德国《民事诉讼法》第261条第1款规定:争议案件通过起诉发生诉讼系属(Durch die Erhebung der Klage wird die Rechtshängigkeit der Streitsache begründet.)。该法第486条第1款规定:已经发生系属的,申请向受诉法院提出(Ist ein Rechtsstreit anhängig, so ist der Antrag bei dem Prozessgericht zu stellen.)。前者使用的术语为Rechtshängigkeit,国内该法译文将其译为"诉讼系属"。后者的表述为"Ist ein Rechtsstreit anhängig",国内该法译文将其译为"已经发生诉讼系属时"。后者在德文中作为一个法律术语则为Anhängigkeit或Anhängigkeit des Rechtsstreits。于是,这里产生一个问题:Rechtshängigkeit与Anhängigkeit或Anhängigkeit des Rechtsstreits表达的含义是否相同?或者说是否应将两者都翻译为"诉讼系属"?按照德国学术界的观点,对两者应严加区分,因为两者表述的时间点不同。前者为"起诉"到达被告的时间点("Rechtshängig" mit Zustellung beim Gegner),后者为"起诉"到达法院的时间点("Anhängig" mit Eingang bei Gericht)。依据该法,两者的效力并不相同。例如,该法第261条第3款第1项明确规定了"诉讼系属"的效力,即在"诉讼系属"期间,双方当事人都不能使案件发生另外的系属。对于"系属",该法则没有规定这样的效力。因此,为了对两者加以区分,笔者倾向于

将Anhängigkeit或Anhängigkeit des Rechtsstreits翻译为"系属"，而将Rechtshängigkeit翻译为"诉讼系属"。据此，德国《商业秘密保护法》第20条第1款中使用的Anhängigkeit des Rechtsstreits术语应为"系属"，而非"诉讼系属"。目前周翠翻译的德国《民事诉讼法》已经注意到了两者的区分。参见《德意志联邦共和国民事诉讼法》，谢怀栻译，中国法制出版社2001年版，第63页，第112页；[德]奥特马·尧厄尼希：《民事诉讼法》，周翠译，法律出版社2003年版，第220页。Vgl. Wann ist ein Rechtsbehelf anhängig und wann rechtshängig? https://rechtstipp24.de/2021/02/12/wann-ist-ein-rechtsbehelf-anhaengig-und-wann-rechtshaengig, 16.11.2023; Othmar Jauernig, Zivilprozessrecht, 21. Auflage, S. 145 ff.

[7] 按照《草案》的解释，如有特殊理由，听证的时间也可以被安排在采取措施之前。Vgl. Entwurf eines Gesetzes zur Umsetzung der Richtlinie (EU) 2016/943 zum Schutz von Geschäftsgeheimnissen vor rechtswidrigem Erwerb sowie rechtswidriger Nutzung und Offenlegung, Bundestag – 19. Wahlperiode, Zu § 20 (Verfahren bei Maßnahmen nach den §§ 16 bis 19), Drucksache 19/4724, S. 38 f.

[8] 关于第20条第3款第1句"Die den Antrag nach § 16 Absatz 1 oder § 19 Absatz 1 stellende Partei muss glaubhaft machen"中"glaubhaft machen"的理解。此处"machen"为动词，"glaubhaft"为形容词，两者搭配意思为"使……确信……"据此，该句可直译为"根据第16条第1款或第19条第1款提出申请的当事人须使人确信，……""glaubhaft machen"还可以合成一个名词"Glaubhaftmachung"。因目前常见的翻译是将其译为"释明"，因此前句可译为"根据第16条第1款或第19条第1款提出申请的当事人须释明，……"此处翻译仍依通常之翻译，上述解读仅为方便读者理解其原意。参见姚志明：《法律德汉汉德辞典》，五南图书出版公司2000年版，第201页。

[9] Vgl. Othmar Jauernig, Zivilprozessrecht, 21. Auflage, 1985, S. 175 ff.

[10] Vgl. Zivilprozessordnung in der Fassung der Bekanntmachung vom 5. Dezember 2005 (BGBl. I S. 3202; 2006 I S. 431; 2007 I S. 1781), die zuletzt durch Artikel 2 des Gesetzes vom 7. November 2022 (BGBl. I S. 1982) geändert worden ist, §294 Glaubhaftmachung, S. 90 f.

[11] 德国《民事诉讼法》第三编中的上诉（Rechtsmittel）包括控诉（Berufung）、上告（Revision）和抗告（Beschwerde）。不服第一审所作的终局判决可提起控诉；不服控诉审所作的终局判决可提起上告；根据该法第567条第1款第2项对于不经言词辩论而驳回有关程序申请的裁判可提起抗告（es sich um solche eine mündliche Verhandlung nicht erfordernde Entscheidungen handelt, durch die ein das Verfahren betreffendes Gesuch zurückgewiesen worden ist.）。Vgl. Zivilprozessordnung in der Fassung der Bekanntmachung vom 5. Dezember 2005 (BGBl. I S. 3202; 2006 I S. 431; 2007 I S. 1781), die zuletzt durch Artikel 6 des Gesetzes vom 8. Oktober 2023 (BGBl. 2023 I Nr. 272) geändert worden ist, §567 Sofortige Beschwerde; Anschlussbeschwerde, S. 125 ff. Entwurf eines Gesetzes zur Umsetzung der Richtlinie (EU) 2016/943 zum Schutz von Geschäftsgeheimnissen vor rechtswidrigem Erwerb sowie rechtswidriger Nutzung und Offenlegung, Bundestag – 19. Wahlperiode, Zu §20 (Verfahren bei Maßnahmen nach den §§16 bis 19), Drucksache 19/4724, S. 38 ff. Köhler/Bornkamm/Feddersen, UWG, 40. Auflage 2022, Alexander, GeschGehG §20 Verfahren bei Maßnahmen nach den §§16 bis 19, Rn. 23-25.

[12] 抗告（Beschwerde）包括"即时抗告"（Sofortige Beschwerde）和"法律抗告"（Rechtsbeschwerde），被归入德国《民事诉讼法》第三编"上诉"之下。该编第567条至第573条对"即时抗告"作出具体规定。Vgl. Zivilprozessordnung in der Fassung der

Bekanntmachung vom 5. Dezember 2005 (BGBl. I S. 3202; 2006 I S. 431; 2007 I S. 1781), die zuletzt durch Artikel 6 des Gesetzes vom 8. Oktober 2023 (BGBl. 2023 I Nr. 272) geändert worden ist, § 567 Sofortige Beschwerde; Anschlussbeschwerde, S. 137 ff.

[13] Vgl. Entwurf eines Gesetzes zur Umsetzung der Richtlinie (EU) 2016/943 zum Schutz von Geschäftsgeheimnissen vor rechtswidrigem Erwerb sowie rechtswidriger Nutzung und Offenlegung, Bundestag–19. Wahlperiode, Zu § 21 (Bekanntmachung des Urteils), Drucksache 19/4724, S. 39 f.

[14] 关于"既判力"（Rechtskraft）的解释，见本书第二部分第三章注释[26]。

[15] Vgl. Entwurf eines Gesetzes zur Umsetzung der Richtlinie (EU) 2016/943 zum Schutz von Geschäftsgeheimnissen vor rechtswidrigem Erwerb sowie rechtswidriger Nutzung und Offenlegung, Bundestag–19. Wahlperiode, Zu § 22 (Streitwertbegünstigung), Drucksache 19/4724, S. 39 ff.

七、新法的影响及后续动态

德国《商业秘密保护法》于2019年4月26日生效。[1] 伴随该法的产生，德国立法机构同时也对相应的法律进行了修改。首先，对德国《法院组织法》第74c条进行了修改，即在该条第1款第1项列举的法律中增加了"《商业秘密保护法》"。[2] 其次，对德国《刑事诉讼法》第374条第1款第7项和第395条第1款第6项进行了修改，即将原来两个条文中的"《反不正当竞争法》第16条至第19条"替换为"《反不正当竞争法》第16条和《商业秘密保护法》第23条"。[3] 再次，对德国《诉讼费用法》（Gerichtskostengesetz，缩写为GKG）第51条作出修改，即在第2款中"依据《反不正当竞争法》"之后增加了"和依据《商业秘密保护法》"，在第5款中"《外观设计法》第54条"之后增加了"《商业秘密保护法》第22条"。[4] 最后，废止了2010年3月3日颁布的德国《反不正当竞争法》文本中的第17条至第19条。[5] 从此，德国结束了以《反不正当竞争法》保护商业秘密的时代。

　　德国《商业秘密保护法》生效已有五年。然而，值得注意的是立法者至今没有对该法作过任何修改和调整，并且从未表示过有修改该法的计划。这或许可以从一个侧面说明，该法在适用过程中尚未出现过法律漏洞，[6] 或者立法者还没有发现或找到修改该法的任何理由。由此可见，该法可能在未来相当长的一个时期内仍会处于一种稳定的状态。

注 释

[1] 根据《实施〈关于保护未披露的技术诀窍和商业信息（商业秘密）防止非法获取、使用和披露第2016/943号（欧盟）指令〉法案》第六条【施行】（Inkrafttreten），德国《商业秘密保护法》于2019年4月25日公布后次日起施行，即自2019年4月26日起施行。Vgl. Gesetz zur Umsetzung der Richtlinie (EU) 2016/943 zum Schutz von Geschäftsgeheimnissen vor rechtswidrigem Erwerb sowie rechtswidriger Nutzung und Offenlegung vom 18. April 2019, Bundesgesetzblatt Jahrgang 2019 Teil I Nr. 13, ausgegeben zu Bonn am 25. April 2019, Artikel 6 Inkrafttreten, S. 472 f.

[2] Vgl. Gerichtsverfassungsgesetz in der Fassung der Bekanntmachung vom 9. Mai 1975 (BGBl. I S. 1077), das zuletzt durch Artikel 5 des Gesetzes vom 19. Dezember 2022 (BGBl. I S. 2606) geändert worden ist, S. 21 f. Gesetz zur Umsetzung der Richtlinie (EU) 2016/943 zum Schutz von Geschäftsgeheimnissen vor rechtswidrigem Erwerb sowie rechtswidriger Nutzung und Offenlegung vom 18. April 2019, Bundesgesetzblatt Jahrgang 2019 Teil I Nr. 13, ausgegeben zu Bonn am 25. April 2019, Artikel 2 Änderung des Gerichtsverfassungsgesetzes, S. 471 f.

[3] Vgl. Strafprozeßordnung in der Fassung der Bekanntmachung vom 7. April 1987 (BGBl. I S. 1074, 1319), die zuletzt durch Artikel 2 des Gesetzes vom 26. Juli 2023 (BGBl. 2023 I Nr. 203) geändert worden ist, S. 146 f. 150 ff. Gesetz zur Umsetzung der Richtlinie (EU) 2016/943 zum Schutz von Geschäftsgeheimnissen vor rechtswidrigem Erwerb sowie rechtswidriger Nutzung und Offenlegung vom 18. April 2019, Bundesgesetzblatt Jahrgang 2019 Teil I Nr. 13, ausgegeben zu

Bonn am 25. April 2019, Artikel 3 Änderung der Strafprozessordnung, S. 471 f.

[4] Vgl. Gerichtskostengesetz in der Fassung der Bekanntmachung vom 27. Februar 2014 (BGBl. I S. 154), das zuletzt durch Artikel 2 des Gesetzes vom 14. Dezember 2023 (BGBl. 2023 I Nr. 365) geändert worden ist, S. 18 f. Gesetz zur Umsetzung der Richtlinie (EU) 2016/943 zum Schutz von Geschäftsgeheimnissen vor rechtswidrigem Erwerb sowie rechtswidriger Nutzung und Offenlegung vom 18. April 2019, Bundesgesetzblatt Jahrgang 2019 Teil I Nr. 13, ausgegeben zu Bonn am 25. April 2019, Artikel 4 Änderung des Gerichtskostengesetzes, S. 471 ff.

[5] Vgl. Gesetz gegen den unlauteren Wettbewerb in der Fassung der Bekanntmachung vom 3. März 2010 (BGBl. I S. 254), das zuletzt durch Artikel 13 des Gesetzes vom 8. Oktober 2023 (BGBl. 2023 I Nr. 272) geändert worden ist, S. 14 ff. Gesetz zur Umsetzung der Richtlinie (EU) 2016/943 zum Schutz von Geschäftsgeheimnissen vor rechtswidrigem Erwerb sowie rechtswidriger Nutzung und Offenlegung vom 18. April 2019, Bundesgesetzblatt Jahrgang 2019 Teil I Nr. 13, ausgegeben zu Bonn am 25. April 2019, Artikel 5 Änderung des Gesetzes gegen den unlauteren Wettbewerb, S. 472 f.

[6] 2019年5月21日德国奥尔登堡州高级法院（Oberlandesgericht Oldenburg）依据德国《商业秘密保护法》作出无罪释放的裁定，成为德国第一家适用该法作出裁判的法院。截至2023年，德国多地法院及联邦最高普通法院已经依据该法作出近二十起裁判。Vgl. Erste Entscheidung zu § 5 Nr. 2 GeschGehG: Freispruch für Whistleblower (OLG Oldenburg – 1 Ss 72/19), https://www.anwalt.de/rechts-tipps/erste-entscheidung-zu-5-nr-2-geschgehg-freispruch-fuer-whistleblower-olg-oldenburg-1-ss-7219_158105.html, 26. 12. 2023.

第二部分

德国《商业秘密保护法》翻译与注释

德国商业秘密保护法 译注与导读
Gesetz zum Schutz von Geschäftsgeheimnissen

第一章　总　则[1]

第1条　适用范围

（1）本法旨在保护商业秘密免受未经允许的获取、使用和披露。[2]

（2）公法中关于商业秘密的保密、获取、使用或披露的规定优先。[3]

（3）以下内容不受影响：

1. 商业秘密在职业法和刑法上的保护，特别是由《刑法典》第203条所包含的商业秘密未经授权的公开，[4]

2.《欧盟基本权利宪章》（ABl. C 202 vom 7.6.2016, S. 389）规定的言论自由和信息自由权的行使，包括尊重媒体的自由和多元化，[5]

3. 社会伙伴的自治及其权利、根据现行有效的欧洲和国家法律订立的集体合同，[6]

4. 雇佣关系产生的权利和义务以及雇员代表的权利。[7]

第2条 定 义

本法意义上的

1. 商业秘密是一种信息

a）该信息无论是在整体还是在其各部分的精确排列和组合上，对于通常处理此类信息的所属领域人员来说，不是普遍知悉或不易获得，因此具有经济价值，并且

b）该信息是其合法所有人根据情况采取适当保密措施的对象，并且

c）在该信息上存在保密的正当利益；[8]

2. 商业秘密所有人是指合法控制商业秘密的任何自然人或法人；[9]

3. 侵权人是指违反第4条非法获取、使用或披露商业秘密的自然人或法人，任何可以引用第5条规定的例外的人都不是侵权人；

4. 侵权产品是指产品的设计、特征、功能、制造过程或营销在很大程度上以非法获取、使用或披露的商业秘密为基础的产品。

第3条 允许的行为

（1）商业秘密尤其可以通过以下方式获取：

1. 独立的发现或创造；

2. 对以下产品或物品的观察、研究、拆解或测试，其

a) 已公开，或者

b) 由观察、研究、拆解或测试人员合法占有，并且该人员对商业秘密获取的限制不承担义务；

3. 雇员知情权、咨询权的行使或雇员代表的参与权、共同决定权的行使。

（2）获取、使用或披露商业秘密是由法律、基于法律或由法律行为所准许的，则其被允许。[10]

第4条 禁止的行为

（1）不得通过以下方式获取商业秘密：

1. 对受商业秘密所有人合法控制的文件、物品、材料、原料或电子数据的未经授权接触、侵占或复制，并且这些文件、物品、材料、原料或电子数据包含商业秘密或可以从中推导出商业秘密，或者

2. 考虑到良好的市场惯例且在相应的情况下不符合诚实信用原则的任何其他行为。

（2）有下列情形之一的，不得使用或披露商业秘密：

1. 通过自己的行为根据第1款

a) 第1项，或者

b) 第2项

获取商业秘密的，

2. 违反限制使用商业秘密义务的，或者

3. 违反不披露商业秘密义务的。

（3）通过他人获取商业秘密的，并且在获取、使用或披露该商业秘密时知道或应当知道他人已经违反第2款使用或披露该商业秘密的，不得获取、使用或披露该商业秘密。以侵权产品的制造、提供、投放市场或进口、出口或储存为目的在侵权产品的制造、提供、投放市场或进口、出口或储存中使用商业秘密的，则尤其适用。

第5条 例 外

商业秘密的获取、使用或披露对于正当利益保护是必要的，[11] 尤其是

1. 对于行使言论自由和信息自由权是必要的，包括尊重媒体的自由和多元化，

2. 在适合保护一般公共利益的条件下，对于违法行为或职业或其他错误行为的揭发是必要的，

3. 在雇员向雇员代表披露商业秘密的情形下，为了雇员代

表能够履行职责,该披露是必要的,则其不属于第 4 条禁止的行为。

注　释

[1] 该法于2019年4月18日作为《实施〈关于保护未披露的技术诀窍和商业信息（商业秘密）防止非法获取、使用和披露第2016/943号（欧盟）指令〉法案》（Gesetz zur Umsetzung der Richtlinie (EU) 2016/943 zum Schutz von Geschäftsgeheimnissen vor rechtswidrigem Erwerb sowie rechtswidriger Nutzung und Offenlegung，以下简称《实施法案》）第1条（Artikel 1）被通过，载《联邦法律公报》2019年第一部分第13号第466页至第471页，于2019年4月25日在波恩发布。根据《实施法案》第6条（Artikel 6），该法于2019年4月26日生效（Dieses Gesetz tritt am Tag nach der Verkündung in Kraft.）。Vgl. Bundesgesetzblatt Jahrgang 2019 Teil I Nr. 13, ausgegeben zu Bonn am 25. April 2019, S. 466 ff.

[2] 第1款明确了德国《商业秘密保护法》的立法目的，即保护商业秘密免受未经允许的获取、使用和披露。同时，该款也指明了该法的保护对象和保护范围。首先，该法的保护对象为"商业秘密"（Geschäftsgeheimnis）。不属于"商业秘密"的，则不能得到该法的保护。因此，如何界定"商业秘密"就显得十分必要。这就自然引出了第2条对"商业秘密"的界定。其次，该法所保护的"商业秘密"仅限于一定范围，即该法所保护的"商业秘密"仅限于未经允许的获取、使用和披露三种行为类型，而非全部行为类型。属于"未经允许的获取、使用和披露"这三种行为类型以外的行为，即使其未经允许，或者经允许获取、使用和披露商业秘密的行为，都不属于该法的适用范围。因此，该款的意义在于对该法的适用划出明确的边界。另外，德国《商业秘密保护法》德文条文内的编排符号为（1）、1、a），相当于中文的款、项、目。该条及以下条文均采用原编排符号。

[3] 第2款在此明确强调了公法中关于商业秘密的保密、获取、使用或披露规定的适用优先（Anwendungsvorrang）。该规定源于《指令》第1条第2款c。Vgl. Entwurf eines Gesetzes zur Umsetzung der Richtlinie (EU) 2016/943 zum Schutz von Geschäftsgeheimnissen vor rechtswidrigem Erwerb sowie rechtswidriger Nutzung und Offenlegung, Bundestag – 19. Wahlperiode, Zu § 1 (Anwendungsbereich), Zu Absatz 2, Drucksache 19/4724, S. 23 f. 另外，该款中的"Geheimhaltung"在此应译为"保密"。

[4] 根据德国《刑法典》第203条【侵犯私人秘密】（Verletzung von Privatgeheimnissen）第1款的规定，"他人秘密"（ein fremdes Geheimnis）包括"属于私人生活范围的秘密"（ein zum persönlichen Lebensbereich gehörendes Geheimnis）和"经营秘密或商业秘密"（ein Betriebs- oder Geschäftsgeheimnis）。因此，侵犯"他人秘密"也有可能侵犯"经营秘密或商业秘密"。依据第1条第3款第1项的规定，德国《商业秘密保护法》的适用并不影响德国《刑法典》第203条的适用。Vgl. Strafgesetzbuch in der Fassung der Bekanntmachung vom 13. November 1998 (BGBl. I S. 3322), das zuletzt durch Artikel 1 des Gesetzes vom 26. Juli 2023 (BGBl. 2023 I Nr. 203) geändert worden ist, S. 111 ff.

[5] 第1条第3款第2项的规定移植了《指令》第1条第2款a的规定。《指令》的规定则源于《欧盟基本权利宪章》（Charta der Grundrechte der Europäischen Union，缩写为GRCh）第11条【言论自由与信息自由】（Freiheit der Meinungsäußerung und Informationsfreiheit）。RICHTLINIE (EU) 2016/943 DES EUROPÄISCHEN PARLAMENTS UND DES RATES vom 8. Juni 2016 über den Schutz vertraulichen Know-hows und vertraulicher Geschäftsinformationen (Geschäftsgeheimnisse) vor rechtswidrigem Erwerb sowie rechtswidriger Nutzung und Offenlegung, Amtsblatt

第二部分 德国《商业秘密保护法》翻译与注释

der Europäischen Union DE 15.6.2016, L 157/9; CHARTA DER GRUNDRECHTE DER EUROPÄISCHEN UNION, Amtsblatt der Europäischen Gemeinschaften DE 18.12.2000, C 364/11.

[6] 第1条第3款第3项的规定移植了《指令》第1条第2款d的规定。"根据现行有效的欧洲和国家法律"（nach den bestehenden europäischen und nationalen Vorschriften）中的"法律"包括两个层面的含义：其一，现行有效的欧洲法律，即欧盟层面的法律；其二，现行有效的国家法律，即欧盟成员国国家层面的法律。根据德国JURA FORUM网在线辞典的解读，"Vorschriften"（规定）在法律术语中是一个上位概念，在其之下还包括法律（Gesetze）、行政法规（Verordnungen）、规章（Satzungen）、判例法（Richterrecht）。据此，此处将其翻译为广义的"法律"，即具有普遍约束力的行为规范的总和。Vgl. RICHTLINIE (EU) 2016/943 DES EUROPÄISCHEN PARLAMENTS UND DES RATES vom 8. Juni 2016 über den Schutz vertraulichen Know-hows und vertraulicher Geschäftsinformationen (Geschäftsgeheimnisse) vor rechtswidrigem Erwerb sowie rechtswidriger Nutzung und Offenlegung, Amtsblatt der Europäischen Union DE 15.6.2016, L 157/9; Vorschriften: Definition & Bedeutung im juristischen Kontext, https://www.juraforum.de/lexikon/vorschriften, 1. 3. 2024.

[7] 《草案》并没有涉及第1条第3款第4项。该项规定为后来增加的新规定。"雇佣关系"原文为"Arbeitsverhältnis"，"雇员代表"原文为"Arbeitnehmervertretung"。Vgl. Beschlussempfehlung und Bericht des Ausschusses für Recht und Verbraucherschutz (6. Ausschuss), Deutscher Bundestag – 19. Wahlperiode, Drucksache 19/8300, S. 4 f.

[8] 第2条第1项b中的"合法所有人"的德文原文为"rechtmäßiger Inhaber"；第2条第1项c中的"正当利益"的德文原文为"ein

berechtigtes Interesse"。

[9] 第2条第2项中的"商业秘密所有人"德文原文为"Inhaber eines Geschäftsgeheimnisses"。根据《草案》的解读，"商业秘密所有人"也包括"许可证持有人"（Lizenzinhaber）。Vgl. Entwurf eines Gesetzes zur Umsetzung der Richtlinie (EU) 2016/943 zum Schutz von Geschäftsgeheimnissen vor rechtswidrigem Erwerb sowie rechtswidriger Nutzung und Offenlegung, Bundestag – 19. Wahlperiode, Zu § 2 (Begriffsbestimmungen), Zu Nummer 2, Drucksache 19/4724, S. 24 f.

[10] 第3条第2款中"获取、使用或披露商业秘密是由法律、基于法律或由法律行为所准许的"规定涉及获取、使用或披露商业秘密的三种合法情形：（1）"获取、使用或披露商业秘密是由法律（durch Gesetz）所准许的"是指对于"获取、使用或披露商业秘密"法律本身有明确的规定；（2）"获取、使用或披露商业秘密是基于法律（aufgrund eines Gesetzes）所准许的"涉及法律对官方"获取、使用或披露商业秘密"决定权或干预权的规定，即"获取、使用或披露商业秘密"是基于官方依法作出的决定；（3）"获取、使用或披露商业秘密是由法律行为（durch Rechtsgeschäft）所准许的"是指"获取、使用或披露商业秘密"已通过合同、单方行为等法律行为所确定。有上述情形之一的，获取、使用或披露商业秘密则被准许。根据《草案》的解读，对此处的"法律"（Gesetz）应做广义的理解，其既包括可直接适用的欧盟法律（unmittelbar geltendes Unionsrecht），也包括规范"信息处理"的其他法律规定（Vorschriften）。Vgl. Köhler/Bornkamm/Feddersen, UWG, 40. Auflage 2022, Alexander, GeschGehG § 3 Erlaubte Handlungen, Rn. 60-66; Entwurf eines Gesetzes zur Umsetzung der Richtlinie (EU) 2016/943 zum Schutz von Geschäftsgeheimnissen vor rechtswidrigem

Erwerb sowie rechtswidriger Nutzung und Offenlegung, Bundestag–19. Wahlperiode, Zu § 3 (Erlaubte Handlungen), Zu Absatz 2, Drucksache 19/4724, S. 26 f.

[11] 第5条中"正当利益"的原文为"eines berechtigten Interesses"。其用词与第2条第1项c中的"正当利益"（ein berechtigtes Interesse）用词相同。理解此条需要注意的是，此条对"正当利益"的区分。见第一部分导读三"侵犯商业秘密行为的认定"下的（三）"禁止行为的例外"及其注释。

第二章　基于侵权发生的请求权[1]

第6条　除去妨害与不作为

商业秘密所有人可以请求侵权人除去妨害；[2] 有重复危险的，可以请求其不作为。首次受到侵权威胁的，也可以主张不作为请求权。

第7条　销毁、返还、召回、从市场移除和撤回[3]

商业秘密所有人也可以向侵权人请求

1. 销毁或返还其占有的或在其财产中包含或体现商业秘密的文件、物品、材料、原料或电子数据，[4]

2. 召回侵权产品，

3. 从销售渠道永久移除侵权产品，

4. 销毁侵权产品，或者

5. 在不影响商业秘密保护的前提下，将侵权产品从市场撤回。

第8条 对侵权产品提供资讯；违反提供资讯义务的损害赔偿[5]

（1）商业秘密所有人可以请求侵权人提供以下资讯：

1. 侵权产品的制造商、供应商和其他原占有人以及商业客户和销售网点的名称和地址，

2. 生产、订购、交付或者接收侵权产品的数量以及购买价格，

3. 侵权人占有的或在其财产中包含或体现商业秘密的文件、物品、材料、原料或电子数据，以及

4. 侵权人从谁那里获取了商业秘密以及又向谁披露了商业秘密。[6]

（2）侵权人因故意或重大过失不提供、延迟提供、错误或不完整地提供资讯的，其对商业秘密所有人因此造成的损害负有赔偿义务。

第9条 基于不成比例的请求权排除[7]

在个别情况下请求权的实现将造成不成比例的，则第6条至第8条第1款规定的请求权将被排除，尤其是考虑到

1. 商业秘密的价值或者其他特征，

2. 采取的保密措施，

3. 侵权人获取、使用或者披露商业秘密的行为，

4. 非法使用或披露商业秘密的后果，

5. 商业秘密所有人和侵权人的正当利益以及请求权实现[8]可能对双方产生的影响，

6. 第三人的正当利益，或者

7. 公共利益。

第10条　侵权人责任

（1）故意或过失实施行为的侵权人对于给商业秘密所有人因此造成的损害应承担赔偿义务。《民法典》第619a条不受影响。[9]

（2）在确定损害赔偿时，侵权人通过侵权所获得的利润也应被考虑。损害赔偿请求权也可基于这样的费用基础来确定，即假定侵权人已获准获取、使用或披露商业秘密，其对此应当支付的适当费用。[10]

（3）只要公平，商业秘密所有人也可因非财产损害请求侵权人支付现金赔偿。[11]

第11条　金钱补偿

（1）请求权的实现将会使侵权人处于较大的不成比例的

不利地位的，且金钱补偿更为合适的，则既非故意也非过失的侵权人为了规避第6条或第7条规定的请求权可以用金钱补偿商业秘密所有人。

（2）金钱补偿数额应根据合同授予使用权时的偿付数额进行计算。[12] 在商业秘密所有人有权提出不作为请求权的期限内，[13] 该金钱补偿数额不得超过第1句所指的偿付数额。

第12条　企业主责任

侵权人是一家企业的雇员或受托人的，商业秘密所有人根据第6条至第8条对企业主也享有请求权。企业主因故意或重大过失不提供、延迟提供、错误或不完整地提供资讯的，商业秘密所有人只能依据第8条第2款对其主张请求权。[14]

第13条　普通消灭时效届满后的返还请求权[15]

侵权人故意或过失获取、披露或使用商业秘密的，且通过该商业秘密的侵害在商业秘密所有人负担费用基础上获得利益的，即使根据第10条规定的损害赔偿请求权时效已届满，其根据《民法典》关于不当得利的规定对于利益返还仍负有义务。[16] 该请求权在其发生六年后消灭。

第14条 滥用的禁止

考虑到所有情况,请求权主张[17]构成滥用的,按照本法则其不被允许。构成滥用的,被请求人可要求赔偿其法律辩护所需的费用。进一步的赔偿请求权不受影响。[18]

第二部分 德国《商业秘密保护法》翻译与注释

注 释

[1] 第二章标题的原文为"Ansprüche bei Rechtsverletzungen"。"bei"为介词,有多种含义。根据作者对该法的理解,此处含义为"在……条件下",即商业秘密所有人可基于什么条件主张请求权。第9条条文标题中的"bei"亦同。见本章注释[7]。

[2] 该条条文标题原文为"Beseitigung und Unterlassung"。如何理解"Beseitigung"与"Beseitigungsanspruchg"?这里对此略加解释。由于该条中"Beseitigung"(意为:除去、排除)与"Beeinträchtigung"(意为:妨害、损害)连用,即"Beseitigung der Beeinträchtigung",因此,对"Beseitigung"的翻译不能仅考虑其本身的含义,而应将两者联系起来。《法律德汉汉德辞典》将"Beseitigung der Beeinträchtigung"翻译为"所有权妨害除去请求权",将"Beseitigung"翻译为"妨害除去"。不过,《德意志联邦共和国民法典》的翻译是将"除去"放在前面,即翻译为"除去侵害"和"除去侵害请求权"。通过比较可以发现,"商业秘密所有人可以请求侵权人除去妨害"的翻译比"商业秘密所有人可以请求侵权人妨害除去"的翻译更符合现代汉语的表达习惯。因此,作者倾向于:将此处的"Beseitigung"翻译为"除去妨害",而不是孤立地将其翻译为"除去";将"Beseitigungsanspruchg"翻译为"除去妨害请求权",而不是孤立地将其翻译为"除去请求权"。参见姚志明:《法律德汉汉德辞典》,五南图书出版公司2000年版,第71页;《德意志联邦共和国民法典》,上海社会科学院法学研究所译,法律出版社1984年版,第264页。

[3] 第7条【销毁、返还、召回、从市场移除和撤回】条文标题的原文为"Vernichtung; Herausgabe; Rückruf; Entfernung und Rücknahme

vom Markt"。

[4] "销毁或返还侵权人占有的或在其财产中包含或体现商业秘密的文件、物品、材料、原料或电子数据"包括两层含义：其一，"销毁或返还侵权人占有的包含或体现商业秘密的文件、物品、材料、原料或电子数据"；其二，"销毁或返还在其（侵权人）财产中包含或体现商业秘密的文件、物品、材料、原料或电子数据"。

[5] 第8条【对侵权产品提供资讯；违反提供资讯义务的损害赔偿】条文标题的原文为"Auskunft über rechtsverletzende Produkte; Schadensersatz bei Verletzung der Auskunftspflicht"。《法律德汉汉德辞典》将"Auskunft"翻译为：告知、陈述、提供资讯、答复。根据此条文所要表达的意思，作者在此倾向于将"Auskunft"翻译为"提供资讯"。该条涉及"提供资讯请求权"（Anspruch auf Auskunft）以及与其相对应的"提供资讯义务"（Auskunftspflicht）。Vgl. Entwurf eines Gesetzes zur Umsetzung der Richtlinie (EU) 2016/943 zum Schutz von Geschäftsgeheimnissen vor rechtswidrigem Erwerb sowie rechtswidriger Nutzung und Offenlegung, Bundestag – 19. Wahlperiode, Zu § 8 (Auskunft über rechtsverletzende Produkte; Schadensersatz bei Verletzung der Auskunftspflicht), Drucksache 19/4724, S. 31 f. 参见姚志明：《法律德汉汉德辞典》，五南图书出版公司2000年版，第47页。

[6] 第8条第1款第4项的原文为"die Person, von der sie das Geschäftsgeheimnis erlangt haben und der gegenüber sie es offenbart haben"。此句中的"die Person"带有一个由关系代词die（die受von支配，句中为三格der）引导的定语从句。根据全句以及上下文的意思，句中"sie"为人称代词复数第一人称，代表"Rechtsverletzer"的复数形式。按照中文的表达习惯，此处将该句翻译为"侵权人从谁那里获取了商业秘密以及又向谁披露了商业秘密"。"从谁那

里"和"又向谁"涉及两个主体的信息，依据该条这两个主体信息可以成为提供资讯的内容。Vgl. Köhler/Bornkamm/Feddersen, UWG, 40. Auflage 2022, Alexander, GeschGehG §8 Auskunft über rechtsverletzende Produkte; Schadensersatz bei Verletzung der Auskunftspflicht, Rn. 27.

[7] 第9条【基于不成比例的请求权排除】条文标题的原文为"Anspruchsausschluss bei Unverhältnismäßigkeit"。

[8] 关于第9条中"Erfüllung der Ansprüche"的翻译。从相关文献看，第9条中的"Erfüllung der Ansprüche"有时可以用"Durchsetzung der Ansprüche"替代。"Erfüllung"与"Durchsetzung"均有"实现""完成"的意思。不过，两者还是略有区别。德文法学文献中提到单个请求权审查时，会涉及三个问题的审查：（1）请求权是否已发生？（Ist der Anspruch entstanden?）（2）请求权是否已消灭？（Ist der Anspruch untergegangen?）（3）请求权是否可行使？（Ist der Anspruch durchsetzbar?）如果第1个问题的审查得出肯定的结论，则可审查第2个问题；若第2个问题的审查得出否定的结论，则可审查第3个问题；如果第3个问题的审查得出肯定的结论，则意味着请求权最终可以实现。第3个问题中"durchsetzbar"与"Durchsetzung"为同义词。前者为形容词，意思为"可行使"；后者为名词，除了前面提到的意思，还有"行使"的意思。因此，作者倾向于将此处的"Erfüllung der Ansprüche"翻译为"请求权的实现"。Vgl. Köhler/Bornkamm/Feddersen, UWG, 40. Auflage 2022, Alexander, GeschGehG §9 Anspruchsausschluss bei Unverhältnismäßigkeit, Rn. 8; Erbert Rumpf-Rometsch, Die Fälle, BGB-Schuldrecht AT, Der Fall Fallag, 1994, S. 286 ff.

[9] 德国《民法典》第619a条【基于雇员责任的举证责任】（Beweislast bei Haftung des Arbeitnehmers）对基于雇员责任

的举证责任作出规定。该款的适用并不影响该条的适用。Vgl. Bürgerliches Gesetzbuch in der Fassung der Bekanntmachung vom 2. Januar 2002 (BGBl. I S. 42, 2909; 2003 I S. 738), das zuletzt durch Artikel 4 des Gesetzes vom 25. Oktober 2023 (BGBl. 2023 I Nr. 294) geändert worden ist, S. 189 f.

[10] 第10条第1款和第2款涉及"三重损害计算方法"（dreifachen Schadensberechnung）。

[11] "Billigkeit"意为"公平"，是德国法一个非常重要的概念，在私法和公法中都可以看到其存在。该词还可与其他词组合形成其他法律概念，如"Billigkeitshaftung"（公平责任）。不过，按照学术界的解读，其属于一个不确定的法律概念，须由不断增加的判例对其加以具体化。Vgl. Billigkeit, https://www.studysmarter.de/schule/wirtschaft/rechtslehre/billigkeit, 23.4.2024.

[12] "根据合同授予使用权时的偿付数额进行计算"，此处准确地说是指参照许可合同中的许可使用费进行计算。Vgl. Entwurf eines Gesetzes zur Umsetzung der Richtlinie (EU) 2016/943 zum Schutz von Geschäftsgeheimnissen vor rechtswidrigem Erwerb sowie rechtswidriger Nutzung und Offenlegung, Drucksache 19/4724, Zu § 11 Abfindung in Geld, S. 33 f.

[13] "在商业秘密所有人有权提出不作为请求权的期限内"这句话中的"期限"是指普通消灭时效期间，即第6条规定的不作为请求权的消灭时效期间为普通消灭时效期间。

[14] 第12条区分了企业主承担责任的两种类型。按照第1句，如果侵权人是一家企业的雇员（需要注意的是，此处立法者没有使用在第3条使用过的"Arbeitnehmer"，而是使用了"Beschäftigter"；据作者的观察，两者在该法中并无区别，故可将两者都翻译为"雇员"）或受托人（Beauftragter），商业秘密所有人可依据第6条至第8条向企业主主张请求权。对此，企业主承担的责任源于第6条

至第8条的规定。依据第2句，企业主因故意或重大过失不提供、延迟提供、错误或不完整地提供资讯的，商业秘密所有人只能依据第8条第2款对其主张请求权，而不能按照该条第1句依据第6条至第8条向企业主主张请求权。对此，企业主承担的责任仅源于第8条第2款的规定。Vgl. Entwurf eines Gesetzes zur Umsetzung der Richtlinie (EU) 2016/943 zum Schutz von Geschäftsgeheimnissen vor rechtswidrigem Erwerb sowie rechtswidriger Nutzung und Offenlegung, Drucksache 19/4724, Zu § 11 Abfindung in Geld, S. 33 ff.

[15] 第13条【普通消灭时效届满后的返还请求权】条文标题的原文为"Herausgabeanspruch nach Eintritt der Verjährung"。

[16] 根据立法者的解读，第13条是德国《民法典》第852条的"特别法"（lex specialis）。Vgl. Entwurf eines Gesetzes zur Umsetzung der Richtlinie (EU) 2016/943 zum Schutz von Geschäftsgeheimnissen vor rechtswidrigem Erwerb sowie rechtswidriger Nutzung und Offenlegung, Drucksache 19/4724, Zu § 11 Abfindung in Geld, S. 33 f. 德国《民法典》第852条的条文标题原文为"Herausgabeanspruch nach Eintritt der Verjährung"（普通消灭时效届满后的返还请求权）。可见，第13条的条文标题源于德国《民法典》第852条的条文标题。Vgl. Bürgerliches Gesetzbuch in der Fassung der Bekanntmachung vom 2. Januar 2002 (BGBl. I S. 42, 2909; 2003 I S. 738), das zuletzt durch Artikel 4 des Gesetzes vom 25. Oktober 2023 (BGBl. 2023 I Nr. 294) geändert worden ist, S. 256 f.

[17] 关于第14条中的"Geltendmachung der Ansprüche"的翻译。与第9条中"Erfüllung der Ansprüche"表达的"请求权实现"不同，第14条中的"Geltendmachung der Ansprüche"强调的则是请求权的主张，因此应译为"请求权主张"。

[18] 第14条第2句和第3句对被请求人（Anspruchsgegner）的赔偿请求权（Ersatzansprüche）作出规定。

第三章　商业秘密争议案件程序[1]

第15条　事务管辖和地域管辖；法规之授权[2]

（1）对在普通法院[3]根据本法主张请求权的诉讼，不考虑诉讼标的金额[4]，州法院具有专属管辖[5]权。

（2）被告有普通审判籍的，其所在地法院对第1款规定的诉讼具有专属管辖权。被告在德国没有普通审判籍的，则只有行为发生地法院具有管辖权。[6]

（3）各州政府被授权，可通过法规将根据第1款在多个州法院管辖区提起的诉讼分配给一个州法院。[7]各州政府也可通过法规将此授权委托给各州司法行政部门。各州还可以通过协议将根据第1款提起的归属于一个州法院的诉讼全部或部分移交给另一个州有管辖权的法院。

第16条　保　密

（1）作为诉讼标[8]的信息可能属于商业秘密的，在根据

第二部分 德国《商业秘密保护法》翻译与注释

本法主张请求权的诉讼中本案法院[9]可应一方当事人的申请，将其全部或部分归类为需要保密的信息。

（2）当事人及其代理人、证人、专家、其他代表以及涉及商业秘密争议或接触此类程序文件的任何其他人必须以保密的方式[10]对待这些被归类为需要保密的信息，并不得在司法程序之外使用或披露这些信息，除非他们在程序以外获取这些信息。

（3）法院根据第1款作出裁决的，则仅允许有权查阅案卷的第三人查阅所含商业秘密的表述已经被处理得不可辨认的案卷内容。

第17条 秩序措施

违反第16第2款义务的，本案法院可根据一方当事人的申请处以最高10万欧元的违反秩序罚款或最高6个月的违反秩序拘留并立即执行。[11]在确定罚款且不能排除拘留的情况下，应同时确定相应的拘留。针对根据第1句所实施的秩序措施的抗告具有中止效力。

第18条 程序结束后的保密[12]

第16条第2款规定的义务在司法程序结束后仍继续存在。本案法院通过有效判决否定了作为诉讼标的的商业秘密存在的，或作为诉讼标的的信息已为业内通常处理此类信息的人员所知悉或易于获得的，则该规定不适用。

第19条 其他司法限制

（1）除了第16条第1款，为了保护商业秘密，本案法院根据一方当事人的申请，应限制一定数量的可靠人员全部或部分接触或参加[13]

1. 由当事人或者第三人提交或出具的可能含有商业秘密的文件，或者

2. 可能披露商业秘密的言词辩论及言词辩论记录。[14]

这仅适用于，在考虑到所有情况后保密利益超过了参加人的合法听审的权利，并注意到其（参加人的）获得有效权利保护和公正审判的权利。[15] 各方当事人中每次至少应有一名自然人及其诉讼代理人或其他代表被允许接触或参加[16]。此外，法院可自行决定，为实现该目的发布哪些命令是必要的。

（2）法院根据第1款第1句实施限制的，

1. 根据申请言词辩论的公开可以被排除，以及[17]

2. 第16条第3款适用于未经授权的人员。

（3）本案法院已根据第16条第1款将信息归类为需要保密信息的，或已根据第1款第1句实施了补充限制的，则第16条至

第二部分 德国《商业秘密保护法》翻译与注释

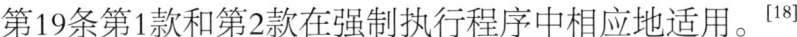

第19条第1款和第2款在强制执行程序中相应地适用。[18]

第20条 根据第16条至第19条采取措施的程序[19]

（1）本案法院可以从发生系属时[20]起下令采取第16条第1款和第19条第1款规定的限制。

（2）另一方当事人最迟在采取措施令后到法院参加听证。法院可在当事人听证后撤销或修改这些措施。

（3）根据第16条第1款或第19条第1款提出申请的当事人须释明[21]，作为诉讼标的的信息涉及商业秘密。

（4）通过申请或根据第16条第1款发布的命令或第19条第1款第1句第1项发布的命令提交或出具文件和其他材料的，提出申请的当事人必须明确标示出那些其认为包括商业秘密的表述。[22]在第19条第1款第1句第1项的情况下，该当事人还必须附带提供一个不泄露商业秘密可查看的版本。没有提供此类商业秘密的简化版本的，法院可以推定为同意审阅，除非法院知道特殊情况，而这些情况表明这种推定是不合理的。

（5）法院通过裁定对申请作出裁决。法院准予申请的，必须告知当事人根据第16条第2款和第18条发布命令的效力，以及根据第17条产生的违法行为后果。法院打算驳回申请的，必须将其告知提出申请的当事人并说明理由，同时给予该当事人在确定期限内发表意见的机会。针对第16条第1款规定的需要保密归类和第19条第1款规定的限制令的异议只能随本案上诉[23]的提起而提出。除此之外，可提起即时抗告。[24]

（6）本章意义上的本案法院是指：

1. 一审法院；或者

2. 本案系属于控诉审的，则指控诉法院。[25]

第21条　判决的公布

（1）商业秘密争议的胜诉方说明正当利益的，根据申请可在判决主文中被授权，以公开方式发布判决或判决信息，而费用由败诉方承担。公开发布的形式和范围应在判决主文中被确定，并应考虑判决书所列人员的正当利益。

（2）根据第1款第1句决定公布时应特别考虑：

1. 商业秘密的价值，

2. 侵权人获取、使用或者披露商业秘密的行为，

3. 非法使用或披露商业秘密的后果，以及

4. 侵权人进一步非法使用或披露商业秘密的可能性。

（3）除非法院另有决定，判决仅在产生既判力[26]后被公布。

第二部分 德国《商业秘密保护法》翻译与注释

第22条 诉讼标的金额的优惠

（1）在商业秘密争议中一方当事人释明按照全部诉讼标的金额所确定的诉讼费用的负担将严重危及其经济状况的，[27] 法院可应其请求判令，该当事人支付法院费用的义务应按照适应其经济状况的部分诉讼标的金额来确定。

（2）根据第1款所发布的命令还应包括：

1. 受益方仅须根据该部分诉讼标的金额支付其律师费用；

2. 只要受益方的争议费用被要求负担的或者只要其承担了这些费用，其仅须根据该部分诉讼标的金额偿还由对方支付的法院费用和律师费用；以及

3. 只要法庭外费用应由对方负担或由对方承担，受益方的律师可以根据适用于其的诉讼标的金额向对方索回其费用。

（3）第1款所述申请须在本案审理之前提出。只有推定或确定的诉讼标的金额被法院提高时，才允许在此之后提出申请。[28] 该申请可在法院登记处提交备案。对申请作出批准决定前，必须听取对方的意见。

注释

[1] 第三章的标题为"商业秘密争议案件程序",德文原文为"Verfahren in Geschäftsgeheimnisstreitsachen"。Othmar Jauernig(奥特马·尧厄尼希)教授在其第21版《民事诉讼法》第91节和第92节采用的标题分别为"Verfahren in Familiensachen"(家事案件程序——作者倾向此译)和"Verfahren in Kindschaftssachen"(亲子案件程序——作者倾向此译)。周翠将"Familiensachen"译为"家事案件",将"Kindschaftssachen"翻译为"子女案件";在谢怀栻翻译的《德意志联邦共和国民事诉讼法》中则有"家庭事件程序"和"亲子事件程序"这样的翻译;《法律德汉汉德辞典》将"Streitsache"翻译为"争讼事件"。参照上述翻译,作者倾向于将此处的"Verfahren in Geschäftsgeheimnisstreitsachen"翻译为"商业秘密争议案件程序"(也可翻译为"商业秘密争议程序")。Vgl. Othmar Jauernig, Zivilprozessrecht, 21. Auflage, S. 311 f. 320 f. [德]奥特马·尧厄尼希:《民事诉讼法》(第27版),周翠译,法律出版社2003年版,第464页,第520页;《德意志联邦共和国民事诉讼法》,谢怀栻译,中国法制出版社2001年版,第145页,第163页;姚志明:《法律德汉汉德辞典》,五南图书出版公司2000年版,第436页。

[2] 第15条【事务管辖和地域管辖;法规之授权】条文标题的原文为"Sachliche und örtliche Zuständigkeit; Verordnungsermächtigung"。

[3] 德国法院系统分为三类:宪法法院、普通法院、专门法院。其中普通法院负责审理民事案件和刑事案件,包括初级法院(Amtsgericht,缩写为AG)、州法院(Landgericht,缩写为

第二部分 德国《商业秘密保护法》翻译与注释

LG)、州高级法院（Oberlandesgericht，缩写为OLG）和联邦最高普通法院（Bundesgerichtshof，缩写为BGH）四级，实行三审终审制。该条中的"ordentliche Gerichte"即指普通法院。Vgl. Hermann Avenarius, Die Rechtsordnung der Bundesrepublik Deutschland, Bundeszentrale für politische Bildung, 1995, S. 73 ff.

[4] "诉讼标的金额"的德文原文表述为"Streitwert"，对其解释见本章注释[27]。

[5] "专属管辖"的德文表述为"ausschließliche Zuständigkeit"。

[6] "普通审判籍"的德文原文表述为"allgemeiner Gerichtsstand"。对于"örtliche Zuständigkeit"（地域管辖）与"Gerichtsstand"（谢怀栻将其译为"审判籍"；《法律德汉汉德辞典》将其译为"法院所在地"）的关系，德国学者Othmar Jauernig明确指出，"örtliche Zuständigkeit"在德国《民事诉讼法》中经常被称为"Gerichtsstand"（Die örtliche Zuständigkeit wird in der ZPO zumeist "Gerichtsstand" genannt.）。据此，可将"allgemeiner Gerichtsstand"理解为"一般地域管辖"。"普通审判籍"与"特别审判籍"（besonderer Gerichtsstand）相对应，因此"特别审判籍"也可理解为"特殊地域管辖"。同为州法院，被告所在地的法院有管辖权；被告在德国无住所的，行为发生地的法院有管辖权。前者涉及"普通审判籍"（即"一般地域管辖"），后者涉及"特别审判籍"（即"特殊地域管辖"）。关于"普通审判籍"的翻译，参见《德意志联邦共和国民事诉讼法》，谢怀栻译，中国法制出版社2001年版，第2页至第7页。参见姚志明：《法律德汉汉德辞典》，五南图书出版公司2000年版，第185页。Vgl. Othmar Jauernig, Zivilprozessrecht, 21. Auflage, S. 32 ff.

[7] 该款中的"法规"德文原文为"Rechtsverordnung"。根据德国联邦议院网站的解释，法规不是由联邦议院作为立法者颁布的，而是由行政部门颁布的，即联邦政府、联邦部长或各州政府颁

布的。Vgl. Rechtsverordnung, https://www.bundestag.de/services/glossar/glossar/R/rechtsverord-245520, 10.12.2023.

[8] "诉讼标的"的德文为"Streitgegenstand"。"streitgegenständlich"为形容词，此处将原文"streitgegenständliche Informationen"翻译为"作为诉讼标的的信息"。关于"诉讼标的"的翻译，参见《德意志联邦共和国民事诉讼法》，谢怀栻译，中国法制出版社2001年版，第34页。

[9] 该款中"本案法院"的德文原文为"das Gericht der Hauptsache"。依据德国《民事诉讼法》第943条【本案法院】（Gericht der Hauptsache）的规定，其指一审法院，或在系属控诉审时，也指控诉法院（Berufungsgericht）。关于"本案法院"的翻译，参见《德意志联邦共和国民事诉讼法》，谢怀栻译，中国法制出版社2001年版，第260页。Vgl. Zivilprozessordnung in der Fassung der Bekanntmachung vom 5. Dezember 2005 (BGBl. I S. 3202; 2006 I S. 431; 2007 I S. 1781), die zuletzt durch Artikel 6 des Gesetzes vom 8. Oktober 2023 (BGBl. 2023 I Nr. 272) geändert worden ist, S. 61 f.

[10] 该款中"以保密的方式"的德文原文为"vertraulich"。

[11] 该条规定的秩序措施（Ordnungsmittel）是对在诉讼程序中违反保密义务的行为人实施的制裁，目的在于维护程序秩序。该措施包括违反秩序罚款（Ordnungsgeld）和违反秩序拘留（Ordnungshaft）。

[12] 第18条【程序结束后的保密】的条文标题原文为"Geheimhaltung nach Abschluss des Verfahrens"。

[13] 此处"全部或部分接触或参加"有两层意思：一是指全部或部分接触"可能含有商业秘密的文件"或"言词辩论记录"；二是指全部或部分参加"可能披露商业秘密的言词辩论"。原文中的"Zugang"意为"入口、通道"或"进入"。按照中文的表达习惯，此处将其翻译为"接触或参加"，即接触的是"文件"或

第二部分 德国《商业秘密保护法》翻译与注释

"记录",参加的则是"言词辩论"。

[14] 德国《民事诉讼法》第一编"总则"第三章"诉讼程序"（Verfahren）第一节"言词辩论"（Mündliche Verhandlung）对言词辩论作出了详细规定。Vgl. Zivilprozessordnung in der Fassung der Bekanntmachung vom 5. Dezember 2005 (BGBl. I S. 3202; 2006 I S. 431; 2007 I S. 1781), die zuletzt durch Artikel 6 des Gesetzes vom 8. Oktober 2023 (BGBl. 2023 I Nr. 272) geändert worden ist, S. 60 ff.

[15] 该条第1款第2句明确提到了当事人的三项诉讼基本权利（Verfahrensgrundrechte），即"合法听审的权利"（Recht auf rechtliches Gehör）、"获得有效权利保护的权利"（Recht auf effektiven Rechtsschutz）和"获得公正审判的权利"（Recht auf ein faires Verfahren）。其中后两项权利也涉及基本人权。《欧洲人权公约》（Die Europäische Menschenrechtskonvention，缩写为EMRK）第6条的条文名称即为【获得公正审判的权利】（Recht auf ein faires Verfahren）。Vgl. Köhler/Bornkamm/Feddersen, UWG, 40. Auflage 2022, Alexander, GeschGehG § 19 Weitere gerichtliche Beschränkungen, Rn. 27; Europäische Menschenrechtskonvention (EMRK), https://www.bpb.de/kurz-knapp/lexika/das-europalexikon/176886/europaeische-menschenrechtskonvention-emrk/, 27. 2. 2024.

[16] "被允许接触或参加"是指被允许接触"可能含有商业秘密的文件"或"言词辩论的记录"，或被允许参加"可能披露商业秘密的言词辩论"。

[17] 根据德国《法院组织法》第172条第2项的规定，对重要的商业、经营、发明或税务秘密的公开讨论将会使值得保护的主要利益受到侵害的，法院可以排除全部或其一部分公开审理。与该规定不同，在此商业秘密是否"重要"不是必要要件。

135

Vgl. Gerichtsverfassungsgesetz in der Fassung der Bekanntmachung vom 9. Mai 1975 (BGBl. I S. 1077), das zuletzt durch Artikel 5 des Gesetzes vom 19. Dezember 2022 (BGBl. I S. 2606) geändert worden ist, S. 42 f.

[18] 此款强调，商业秘密的保密在强制执行程序中同样适用。

[19] 第20条【根据第16条至第19条采取措施的程序】的条文标题原文为"Verfahren bei Maßnahmen nach den §§ 16 bis 19"。

[20] "从发生系属时"的德文原文表述为"ab Anhängigkeit des Rechtsstreits"。

[21] "释明"德文原文表述为"glaubhaft machen, dass…"源于"etw. glaubhaft machen"，意思为"使某事可信"。

[22] 此处强调的是，申请人须提交已经标示出含有商业秘密表述的文件和其他材料。

[23] 上诉（Rechtsmittel）包括控诉（Berufung）、上告（Revision）、抗告（Beschwerde）。德国《民事诉讼法》第三编"上诉"对此有详细规定。Vgl. Zivilprozessordnung in der Fassung der Bekanntmachung vom 5. Dezember 2005 (BGBl. I S. 3202; 2006 I S. 431; 2007 I S. 1781), die zuletzt durch Artikel 6 des Gesetzes vom 8. Oktober 2023 (BGBl. 2023 I Nr. 272) geändert worden ist, S. 125 ff.

[24] 原文为"Im Übrigen findet die sofortige Beschwerde statt"。此处的"除此之外"是指将"对批准申请裁定的异议"排除在外。

[25] 第6款规定与德国《民事诉讼法》第943条【本案法院】第1款规定相同。Vgl. Zivilprozessordnung in der Fassung der Bekanntmachung vom 5. Dezember 2005 (BGBl. I S. 3202; 2006 I S. 431; 2007 I S. 1781), die zuletzt durch Artikel 6 des Gesetzes vom 8. Oktober 2023 (BGBl. 2023 I Nr. 272) geändert worden ist, S. 216 f.

[26] "既判力"的德文原文为"Rechtskraft"。"既判力"是德国法律中一个非常重要的术语，德国《民事诉讼法》、德国《行政法院

第二部分 德国《商业秘密保护法》翻译与注释

法》(VwGO)、德国《财政法院法》(FGO)等多部法律均采用了此术语。德国《民事诉讼法》还将"既判力"进一步区分为"形式的既判力"(Formelle Rechtskraft)和"实质的既判力"(Materielle Rechtskraft)。按照该法第705条,两种情形导致判决不发生既判力:一是在允许提起上诉或异议的期间届满之前,判决不发生既判力;二是及时提起上诉或异议使既判力的发生受到阻却,同样导致判决不发生既判力(第705条原文为:"Die Rechtskraft der Urteile tritt vor Ablauf der für die Einlegung des zulässigen Rechtsmittels oder des zulässigen Einspruchs bestimmten Frist nicht ein. Der Eintritt der Rechtskraft wird durch rechtzeitige Einlegung des Rechtsmittels oder des Einspruchs gehemmt.")。此时,判决的既判力即为"形式的既判力"。关于"实质的既判力",德国线上GABLER经济辞典的解读比较简明扼要。该解读可以概括为:如果当事人之间有争议的法律关系最终得到解决,且没有不同的裁决可以被发布,则判决的既判力为"实质的既判力"。此外,德国《民事诉讼法》第322条【实质的既判力】(Materielle Rechtskraft)和第326条【后位继承时的既判力】(Nacherbfolge)的内容都涉及"实质的既判力"。Vgl. Zivilprozessordnung in der Fassung der Bekanntmachung vom 5. Dezember 2005 (BGBl. I S. 3202; 2006 I S. 431; 2007 I S. 1781), die zuletzt durch Artikel 6 des Gesetzes vom 8. Oktober 2023 (BGBl. 2023 I Nr. 272) geändert worden ist, S. 98, 99, 150 f. 德国GABLER经济辞典关于"既判力"(Rechtskraft)的定义,载德国GABLER经济辞典网(https://wirtschaftslexikon.gabler.de/definition/rechtskraft-42095),2024年2月23日访问。

[27] 根据第22条的规定,该规定所称的"诉讼费用"(Prozesskosten)涉及受益方支付的法院费用(第1款)和其律师费用(第2款第1项)、对方支付的法院费用和律师费用(第2款第2项)以及受益

方律师应索回的法庭外费用（第2款第3项）。此外，与该条所采用的"Streitwert"的表述略有不同，德国《民事诉讼法》第107条采用了"der Wert des Streitgegenstandes"的表述。《法律德汉汉德辞典》将前者翻译为"诉讼标的的价值"，谢怀栻将后者译为"诉讼标的价额"。根据作者的理解，两者表达的意思相同，故此处将"Streitwert"翻译为"诉讼标的金额"。参见姚志明：《法律德汉汉德辞典》，五南图书出版公司2000年版，第436页；《德意志联邦共和国民事诉讼法》，谢怀栻译，中国法制出版社2001年版，第25页。

[28] "在此之后提出申请"是指在本案审理之后提出申请。

第四章　刑罚规定

第23条　侵犯商业秘密

（1）为了促进自己或他人的竞争、出于私利、有利于第三人或者意图对企业主造成损害，[1] 有下列行为之一的，处三年以下有期徒刑或者罚金，

1. 违反第4条第1款第1项获取商业秘密，

2. 违反第4条第2款第1项a）使用或者披露商业秘密，或者

3. 违反第4条第2款第3项，作为一个受雇于企业的人员，在雇佣关系有效期内披露了在雇佣关系范围内委托给其的商业秘密或者其可接触的商业秘密。

（2）为了促进自己或他人的竞争、出于私利、有利于第三人或者意图对企业主造成损害，使用或者披露通过他人的行为根据第1款第2项或者第3项获得的商业秘密的，应受到同样的处罚。

（3）为了促进自己或他人的竞争或者出于私利违反第4条

第2款第2项或者第3项使用或披露在商业交易中委托给其的属于秘密样品或技术规范的商业秘密的,处两年以下有期徒刑或者罚金。

(4)有下列行为之一的,处五年以下有期徒刑或者罚金:

1. 在第1款或第2款情况下以职业方式实施犯罪行为;[2]

2. 在第1款第2项或者第3项或者第2款情况下,在披露时知道该商业秘密应在国外被使用;或者

3. 在第1款第2项或者第2款情况下,在国外使用了商业秘密。

(5)未遂[3]亦应处罚。

(6)《刑事诉讼法》第53条第1款第1句第5项所述人员的援助行为仅限于接收、评估或公布商业秘密的,则其不具有违法性。[4]

(7)准用《刑法典》第5条第7项规定。[5]行为人为了促进自己或他人的竞争或者出于私利实施行为的,准用《刑法典》第30条和第31条规定。[6]

(8)除非刑事追究机关认为,因刑事追究的特殊公共利益依职权进行查处是必要的,否则以上行为属于告诉才处理。[7]

第二部分　德国《商业秘密保护法》翻译与注释

注　释

[1] "为了促进自己或他人的竞争、出于私利、有利于第三人或者意图对企业主造成损害"这个句子涉及四种情形，即"促进自己或他人的竞争"（zur Förderung des eigenen oder fremden Wettbewerbs）、"出于私利"（aus Eigennutz）、"有利于第三人"（zugunsten eines Dritten）及"意图对企业主造成损害"（in der Absicht, dem Inhaber eines Unternehmens Schaden zuzufügen），都属于"三阶层犯罪构成体系"主观要件中的"其他主观构成要件要素"。关于德国"三阶层犯罪构成体系"，可参见本书第一部分"五、商业秘密刑事保护"注释[2]。

[2] "以职业方式实施犯罪行为"的原文为"gewerbsmäßig handelt"。根据作者对该条文的理解，此处将"gewerbsmäßig"翻译为"以职业方式"。

[3] "未遂"的原文为"Versuch"。德国《刑法典》第22条对"未遂"（Versuch）作出定义。Vgl. Strafgesetzbuch in der Fassung der Bekanntmachung vom 13. November 1998 (BGBl. I S. 3322), das zuletzt durch Artikel 1 des Gesetzes vom 26. Juli 2023 (BGBl. 2023 I Nr. 203) geändert worden ist, S. 27 f.

[4] 德国《刑事诉讼法》第53条对"受职业保密约束人员的拒绝作证权"（Zeugnisverweigerungsrecht der Berufsgeheimnisträger）作出规定。此外，"不具有违法性"的原文为"nicht rechtswidrig"。其中"rechtswidrig"为形容词，与名称"Rechtswidrigkeit"为同义词。依据该款，所述行为不具有违法性。关于德国"三阶层犯罪构成体系"，可参见本书第一部分"五、商业秘密刑事保护"注释[2]。Vgl. Strafprozeßordnung in der Fassung der Bekanntmachung vom 7. April 1987 (BGBl. I S. 1074, 1319), die zuletzt durch Artikel

2 des Gesetzes vom 26. Juli 2023 (BGBl. 2023 I Nr. 203) geändert worden ist, S. 33 f.

[5] 德国《刑法典》第5条对"与国内有特殊关联的国外犯罪行为"（Auslandstaten mit besonderem Inlandsbezug）作出规定。依据该条第7项的规定，无论犯罪发生地的法律如何，德国《刑法典》对在国外实施的下列犯罪行为均适用：一是侵犯了所在地位于本法空间效力范围内的公司、企业的经营或商业秘密；二是侵犯了所在地在国外，但却依附于在本法空间效力范围内的企业并与之组成企业集团的企业的经营或商业秘密。值得注意的是，目前德国《刑法典》仍然保留"经营或商业秘密"（Betriebs- oder Geschäftsgeheimnissen）的术语。Vgl. Strafgesetzbuch in der Fassung der Bekanntmachung vom 13. November 1998 (BGBl. I S. 3322), das zuletzt durch Artikel 1 des Gesetzes vom 26. Juli 2023 (BGBl. 2023 I Nr. 203) geändert worden ist, S. 23 f.

[6] 德国《刑法典》第30条对"共犯未遂"（Versuch der Beteiligung）作出规定。德国《刑法典》第31条对"共犯脱离"（Rücktritt vom Versuch der Beteiligung）作出规定。Vgl. Strafgesetzbuch in der Fassung der Bekanntmachung vom 13. November 1998 (BGBl. I S. 3322), das zuletzt durch Artikel 1 des Gesetzes vom 26. Juli 2023 (BGBl. 2023 I Nr. 203) geändert worden ist, S. 28 f.

[7] "以上行为属于告诉才处理"的德文原文为"Die Tat wird nur auf Antrag verfolgt"。

第三部分 附录

德国商业秘密保护法
Gesetz zum Schutz von Geschäftsgeheimnissen
译注与导读

一、德国《商业秘密保护法》（原文）

Gesetz zum Schutz von Geschäftsgeheimnissen (GeschGehG)

GeschGehG

Ausfertigungsdatum: 18.04.2019

Vollzitat:

"Gesetz zum Schutz von Geschäftsgeheimnissen vom 18. April 2019 (BGBl. I S. 466)"

* Dieses Gesetz dient der Umsetzung der Richtlinie (EU) 2016/943 des Europäischen Parlaments und des Rates vom 8. Juni 2016 über den Schutz vertraulichen Know-hows und vertraulicher Geschäftsinformationen (Geschäftsgeheimnisse) vor rechtswidrigem Erwerb sowie rechtswidriger Nutzung und Offenlegung (ABl. L 157 vom 15.6.2016, S. 1).

Fußnote

(+++ Textnachweis ab: 26.4.2019 +++)

(+++ Amtlicher Hinweis des Normgebers auf EG-Recht:

Umsetzung der

EURL 2016/943 (CELEX Nr: 32016L0943) +++)

Das G wurde als Artikel 1 des G v. 18.4.2019 I 466 vom Bundestag beschlossen. Es ist gem. Art. 6 dieses G am 26.4.2019 in Kraft getreten.

Inhaltsübersicht

Abschnitt 1

Allgemeines

§ 1 Anwendungsbereich

§ 2 Begriffsbestimmungen

§ 3 Erlaubte Handlungen

§ 4 Handlungsverbote

§ 5 Ausnahmen

Abschnitt 2

Ansprüche bei Rechtsverletzungen

§ 6 Beseitigung und Unterlassung

§ 7 Vernichtung; Herausgabe; Rückruf; Entfernung und Rücknahme vom Markt

§ 8 Auskunft über rechtsverletzende Produkte; Schadensersatz bei Verletzung der Auskunftspflicht

§ 9 Anspruchsausschluss bei Unverhältnismäßigkeit

§ 10 Haftung des Rechtsverletzers

§ 11 Abfindung in Geld

§ 12 Haftung des Inhabers eines Unternehmens

§ 13 Herausgabeanspruch nach Eintritt der Verjährung

§ 14 Missbrauchsverbot

Abschnitt 3

Verfahren in Geschäftsgeheimnisstreitsachen

§ 15 Sachliche und örtliche Zuständigkeit; Verordnungsermächtigung

§ 16 Geheimhaltung

§ 17 Ordnungsmittel

§ 18 Geheimhaltung nach Abschluss des Verfahrens

§ 19 Weitere gerichtliche Beschränkungen

§ 20 Verfahren bei Maßnahmen nach den § § 16 bis 19

§ 21 Bekanntmachung des Urteils

§ 22 Streitwertbegünstigung

Abschnitt 4

Strafvorschriften

§ 23 Verletzung von Geschäftsgeheimnissen

Abschnitt 1
Allgemeines

§ 1 Anwendungsbereich

(1) Dieses Gesetz dient dem Schutz von Geschäftsgeheimnissen vor unerlaubter Erlangung, Nutzung und Offenlegung.

(2) Öffentlich-rechtliche Vorschriften zur Geheimhaltung, Erlangung, Nutzung oder Offenlegung von Geschäftsgeheimnissen gehen vor.

(3) Es bleiben unberührt:

1. der berufs- und strafrechtliche Schutz von Geschäftsgeheimnissen, deren unbefugte Offenbarung von § 203 des Strafgesetzbuches erfasst wird,

2. die Ausübung des Rechts der freien Meinungsäußerung und der Informationsfreiheit nach der Charta der Grundrechte der Europäischen Union (ABl. C 202 vom 7.6.2016, S. 389), einschließlich der Achtung der Freiheit und der Pluralität der Medien,

3. die Autonomie der Sozialpartner und ihr Recht, Kollektivverträge nach den bestehenden europäischen und nationalen Vorschriften

abzuschließen,

4. die Rechte und Pflichten aus dem Arbeitsverhältnis und die Rechte der Arbeitnehmervertretungen.

§ 2 Begriffsbestimmungen

Im Sinne dieses Gesetzes ist

1. Geschäftsgeheimnis

eine Information

    a) die weder insgesamt noch in der genauen Anordnung und Zusammensetzung ihrer Bestandteile den Personen in den Kreisen, die üblicherweise mit dieser Art von Informationen umgehen, allgemein bekannt oder ohne Weiteres zugänglich ist und daher von wirtschaftlichem Wert ist und

    b) die Gegenstand von den Umständen nach angemessenen Geheimhaltungsmaßnahmen durch ihren rechtmäßigen Inhaber ist und

    c) bei der ein berechtigtes Interesse an der Geheimhaltung besteht;

2. Inhaber eines Geschäftsgeheimnisses

    jede natürliche oder juristische Person, die die rechtmäßige

Kontrolle über ein Geschäftsgeheimnis hat;

3. Rechtsverletzer

jede natürliche oder juristische Person, die entgegen § 4 ein Geschäftsgeheimnis rechtswidrig erlangt, nutzt oder offenlegt; Rechtsverletzer ist nicht, wer sich auf eine Ausnahme nach § 5 berufen kann;

4. rechtsverletzendes Produkt

ein Produkt, dessen Konzeption, Merkmale, Funktionsweise, Herstellungsprozess oder Marketing in erheblichem Umfang auf einem rechtswidrig erlangten, genutzten oder offengelegten Geschäftsgeheimnis beruht.

§ 3 Erlaubte Handlungen

(1) Ein Geschäftsgeheimnis darf insbesondere erlangt werden durch

1. eine eigenständige Entdeckung oder Schöpfung;

2. ein Beobachten, Untersuchen, Rückbauen oder Testen eines Produkts oder Gegenstands, das oder der

   a) öffentlich verfügbar gemacht wurde oder

   b) sich im rechtmäßigen Besitz des Beobachtenden,

Untersuchenden, Rückbauenden oder Testenden befindet und dieser keiner Pflicht zur Beschränkung der Erlangung des Geschäftsgeheimnisses unterliegt;

3. ein Ausüben von Informations- und Anhörungsrechten der Arbeitnehmer oder Mitwirkungs- und Mitbestimmungsrechte der Arbeitnehmervertretung.

(2) Ein Geschäftsgeheimnis darf erlangt, genutzt oder offengelegt werden, wenn dies durch Gesetz, aufgrund eines Gesetzes oder durch Rechtsgeschäft gestattet ist.

§ 4 Handlungsverbote

(1) Ein Geschäftsgeheimnis darf nicht erlangt werden durch

1. unbefugten Zugang zu, unbefugte Aneignung oder unbefugtes Kopieren von Dokumenten, Gegenständen, Materialien, Stoffen oder elektronischen Dateien, die der rechtmäßigen Kontrolle des Inhabers des Geschäftsgeheimnisses unterliegen und die das Geschäftsgeheimnis enthalten oder aus denen sich das Geschäftsgeheimnis ableiten lässt, oder

2. jedes sonstige Verhalten, das unter den jeweiligen Umständen nicht dem Grundsatz von Treu und Glauben unter Berücksichtigung der

anständigen Marktgepflogenheit entspricht.

(2) Ein Geschäftsgeheimnis darf nicht nutzen oder offenlegen, wer

1. das Geschäftsgeheimnis durch eine eigene Handlung nach Absatz 1

    a) Nummer 1 oder

    b) Nummer 2

    erlangt hat,

2. gegen eine Verpflichtung zur Beschränkung der Nutzung des Geschäftsgeheimnisses verstößt oder

3. gegen eine Verpflichtung verstößt, das Geschäftsgeheimnis nicht offenzulegen.

(3) Ein Geschäftsgeheimnis darf nicht erlangen, nutzen oder offenlegen, wer das Geschäftsgeheimnis über eine andere Person erlangt hat und zum Zeitpunkt der Erlangung, Nutzung oder Offenlegung weiß oder wissen müsste, dass diese das Geschäftsgeheimnis entgegen Absatz 2 genutzt oder offengelegt hat. Das gilt insbesondere, wenn die Nutzung in der Herstellung, dem Anbieten, dem Inverkehrbringen oder der Einfuhr, der Ausfuhr oder der Lagerung für diese Zwecke von rechtsverletzenden Produkten besteht.

§ 5 Ausnahmen

Die Erlangung, die Nutzung oder die Offenlegung eines Geschäftsgeheimnisses fällt nicht unter die Verbote des § 4, wenn dies zum Schutz eines berechtigten Interesses erfolgt, insbesondere

1. zur Ausübung des Rechts der freien Meinungsäußerung und der Informationsfreiheit, einschließlich der Achtung der Freiheit und der Pluralität der Medien;

2. zur Aufdeckung einer rechtswidrigen Handlung oder eines beruflichen oder sonstigen Fehlverhaltens, wenn die Erlangung, Nutzung oder Offenlegung geeignet ist, das allgemeine öffentliche Interesse zu schützen;

3. im Rahmen der Offenlegung durch Arbeitnehmer gegenüber der Arbeitnehmervertretung, wenn dies erforderlich ist, damit die Arbeitnehmervertretung ihre Aufgaben erfüllen kann.

Abschnitt 2
Ansprüche bei Rechtsverletzungen

§ 6 Beseitigung und Unterlassung

Der Inhaber des Geschäftsgeheimnisses kann den

Rechtsverletzer auf Beseitigung der Beeinträchtigung und bei Wiederholungsgefahr auch auf Unterlassung in Anspruch nehmen. Der Anspruch auf Unterlassung besteht auch dann, wenn eine Rechtsverletzung erstmalig droht.

§ 7 Vernichtung; Herausgabe; Rückruf; Entfernung und Rücknahme vom Markt

Der Inhaber des Geschäftsgeheimnisses kann den Rechtsverletzer auch in Anspruch nehmen auf

1. Vernichtung oder Herausgabe der im Besitz oder Eigentum des Rechtsverletzers stehenden Dokumente, Gegenstände, Materialien, Stoffe oder elektronischen Dateien, die das Geschäftsgeheimnis enthalten oder verkörpern,
2. Rückruf des rechtsverletzenden Produkts,
3. dauerhafte Entfernung der rechtsverletzenden Produkte aus den Vertriebswegen,
4. Vernichtung der rechtsverletzenden Produkte oder
5. Rücknahme der rechtsverletzenden Produkte vom Markt, wenn der Schutz des Geschäftsgeheimnisses hierdurch nicht beeinträchtigt wird.

§ 8 Auskunft über rechtsverletzende Produkte; Schadensersatz bei Verletzung der Auskunftspflicht

(1) Der Inhaber des Geschäftsgeheimnisses kann vom Rechtsverletzer Auskunft über Folgendes verlangen:

1. Name und Anschrift der Hersteller, Lieferanten und anderer Vorbesitzer der rechtsverletzenden Produkte sowie der gewerblichen Abnehmer und Verkaufsstellen, für die sie bestimmt waren,

2. die Menge der hergestellten, bestellten, ausgelieferten oder erhaltenen rechtsverletzenden Produkte sowie über die Kaufpreise,

3. diejenigen im Besitz oder Eigentum des Rechtsverletzers stehenden Dokumente, Gegenstände, Materialien, Stoffe oder elektronischen Dateien, die das Geschäftsgeheimnis enthalten oder verkörpern, und

4. die Person, von der sie das Geschäftsgeheimnis erlangt haben und der gegenüber sie es offenbart haben.

(2) Erteilt der Rechtsverletzer vorsätzlich oder grob fahrlässig die Auskunft nicht, verspätet, falsch oder unvollständig, ist er dem Inhaber des Geschäftsgeheimnisses zum Ersatz des daraus entstehenden Schadens verpflichtet.

§ 9 Anspruchsausschluss bei Unverhältnismäßigkeit

Die Ansprüche nach den § § 6 bis 8 Absatz 1 sind ausgeschlossen, wenn die Erfüllung im Einzelfall unverhältnismäßig wäre, unter Berücksichtigung insbesondere

1. des Wertes oder eines anderen spezifischen Merkmals des Geschäftsgeheimnisses,

2. der getroffenen Geheimhaltungsmaßnahmen,

3. des Verhaltens des Rechtsverletzers bei Erlangung, Nutzung oder Offenlegung des Geschäftsgeheimnisses,

4. der Folgen der rechtswidrigen Nutzung oder Offenlegung des Geschäftsgeheimnisses,

5. der berechtigten Interessen des Inhabers des Geschäftsgeheimnisses und des Rechtsverletzers sowie der Auswirkungen, die die Erfüllung der Ansprüche für beide haben könnte,

6. der berechtigten Interessen Dritter oder

7. des öffentlichen Interesses.

§ 10 Haftung des Rechtsverletzers

(1) Ein Rechtsverletzer, der vorsätzlich oder fahrlässig handelt, ist dem Inhaber des Geschäftsgeheimnisses zum Ersatz des daraus

entstehenden Schadens verpflichtet. § 619a des Bürgerlichen Gesetzbuchs bleibt unberührt.

(2) Bei der Bemessung des Schadensersatzes kann auch der Gewinn, den der Rechtsverletzer durch die Verletzung des Rechts erzielt hat, berücksichtigt werden. Der Schadensersatzanspruch kann auch auf der Grundlage des Betrages bestimmt werden, den der Rechtsverletzer als angemessene Vergütung hätte entrichten müssen, wenn er die Zustimmung zur Erlangung, Nutzung oder Offenlegung des Geschäftsgeheimnisses eingeholt hätte.

(3) Der Inhaber des Geschäftsgeheimnisses kann auch wegen des Schadens, der nicht Vermögensschaden ist, von dem Rechtsverletzer eine Entschädigung in Geld verlangen, soweit dies der Billigkeit entspricht.

§ 11 Abfindung in Geld

(1) Ein Rechtsverletzer, der weder vorsätzlich noch fahrlässig gehandelt hat, kann zur Abwendung der Ansprüche nach den §§ 6 oder 7 den Inhaber des Geschäftsgeheimnisses in Geld abfinden, wenn dem Rechtsverletzer durch die Erfüllung der Ansprüche ein unverhältnismäßig großer Nachteil entstehen würde und wenn die

Abfindung in Geld als angemessen erscheint.

(2) Die Höhe der Abfindung in Geld bemisst sich nach der Vergütung, die im Falle einer vertraglichen Einräumung des Nutzungsrechts angemessen wäre. Sie darf den Betrag nicht übersteigen, der einer Vergütung im Sinne von Satz 1 für die Länge des Zeitraums entspricht, in dem dem Inhaber des Geschäftsgeheimnisses ein Unterlassungsanspruch zusteht.

§ 12 Haftung des Inhabers eines Unternehmens

Ist der Rechtsverletzer Beschäftigter oder Beauftragter eines Unternehmens, so hat der Inhaber des Geschäftsgeheimnisses die Ansprüche nach den § § 6 bis 8 auch gegen den Inhaber des Unternehmens. Für den Anspruch nach § 8 Absatz 2 gilt dies nur, wenn der Inhaber des Unternehmens vorsätzlich oder grob fahrlässig die Auskunft nicht, verspätet, falsch oder unvollständig erteilt hat.

§ 13 Herausgabeanspruch nach Eintritt der Verjährung

Hat der Rechtsverletzer ein Geschäftsgeheimnis vorsätzlich oder fahrlässig erlangt, offengelegt oder genutzt und durch diese Verletzung eines Geschäftsgeheimnisses auf Kosten des

Inhabers des Geschäftsgeheimnisses etwas erlangt, so ist er auch nach Eintritt der Verjährung des Schadensersatzanspruchs nach § 10 zur Herausgabe nach den Vorschriften des Bürgerlichen Gesetzbuchs über die Herausgabe einer ungerechtfertigten Bereicherung verpflichtet. Dieser Anspruch verjährt sechs Jahre nach seiner Entstehung.

§ 14 Missbrauchsverbot

Die Geltendmachung der Ansprüche nach diesem Gesetz ist unzulässig, wenn sie unter Berücksichtigung der gesamten Umstände missbräuchlich ist. Bei missbräuchlicher Geltendmachung kann der Anspruchsgegner Ersatz der für seine Rechtsverteidigung erforderlichen Aufwendungen verlangen. Weitergehende Ersatzansprüche bleiben unberührt.

Abschnitt 3
Verfahren in Geschäftsgeheimnisstreitsachen

§ 15 Sachliche und örtliche Zuständigkeit; Verordnungsermächtigung

(1) Für Klagen vor den ordentlichen Gerichten, durch die

Ansprüche nach diesem Gesetz geltend gemacht werden, sind die Landgerichte ohne Rücksicht auf den Streitwert ausschließlich zuständig.

(2) Für Klagen nach Absatz 1 ist das Gericht ausschließlich zuständig, in dessen Bezirk der Beklagte seinen allgemeinen Gerichtsstand hat. Hat der Beklagte im Inland keinen allgemeinen Gerichtsstand, ist nur das Gericht zuständig, in dessen Bezirk die Handlung begangen worden ist.

(3) Die Landesregierungen werden ermächtigt, durch Rechtsverordnung einem Landgericht die Klagen nach Absatz 1 der Bezirke mehrerer Landgerichte zuzuweisen. Die Landesregierungen können diese Ermächtigung durch Rechtsverordnung auf die Landesjustizverwaltungen übertragen. Die Länder können außerdem durch Vereinbarung die den Gerichten eines Landes obliegenden Klagen nach Absatz 1 insgesamt oder teilweise dem zuständigen Gericht eines anderen Landes übertragen.

§ 16 Geheimhaltung

(1) Bei Klagen, durch die Ansprüche nach diesem Gesetz geltend

gemacht werden (Geschäftsgeheimnisstreitsachen) kann das Gericht der Hauptsache auf Antrag einer Partei streitgegenständliche Informationen ganz oder teilweise als geheimhaltungsbedürftig einstufen, wenn diese ein Geschäftsgeheimnis sein können.

(2) Die Parteien, ihre Prozessvertreter, Zeugen, Sachverständige, sonstige Vertreter und alle sonstigen Personen, die an Geschäftsgeheimnisstreitsachen beteiligt sind oder die Zugang zu Dokumenten eines solchen Verfahrens haben, müssen als geheimhaltungsbedürftig eingestufte Informationen vertraulich behandeln und dürfen diese außerhalb eines gerichtlichen Verfahrens nicht nutzen oder offenlegen, es sei denn, dass sie von diesen außerhalb des Verfahrens Kenntnis erlangt haben.

(3) Wenn das Gericht eine Entscheidung nach Absatz 1 trifft, darf Dritten, die ein Recht auf Akteneinsicht haben, nur ein Akteninhalt zur Verfügung gestellt werden, in dem die Geschäftsgeheimnisse enthaltenden Ausführungen unkenntlich gemacht wurden.

§ 17 Ordnungsmittel

Das Gericht der Hauptsache kann auf Antrag einer Partei bei Zuwiderhandlungen gegen die Verpflichtungen nach § 16 Absatz 2 ein Ordnungsgeld bis zu 100 000 Euro oder Ordnungshaft bis zu sechs Monaten festsetzen und sofort vollstrecken. Bei der Festsetzung von Ordnungsgeld ist zugleich für den Fall, dass dieses nicht beigetrieben werden kann, zu bestimmen, in welchem Maße Ordnungshaft an seine Stelle tritt. Die Beschwerde gegen ein nach Satz 1 verhängtes Ordnungsmittel entfaltet aufschiebende Wirkung.

§ 18 Geheimhaltung nach Abschluss des Verfahrens

Die Verpflichtungen nach § 16 Absatz 2 bestehen auch nach Abschluss des gerichtlichen Verfahrens fort. Dies gilt nicht, wenn das Gericht der Hauptsache das Vorliegen des streitgegenständlichen Geschäftsgeheimnisses durch rechtskräftiges Urteil verneint hat oder sobald die streitgegenständlichen Informationen für Personen in den Kreisen, die üblicherweise mit solchen Informationen umgehen, bekannt oder ohne Weiteres zugänglich werden.

§ 19 Weitere gerichtliche Beschränkungen

(1) Zusätzlich zu § 16 Absatz 1 beschränkt das Gericht der Hauptsache zur Wahrung von Geschäftsgeheimnissen auf Antrag einer Partei den Zugang ganz oder teilweise auf eine bestimmte

德国商业秘密保护法　译注与导读

Anzahl von zuverlässigen Personen

1. zu von den Parteien oder Dritten eingereichten oder vorgelegten Dokumenten, die Geschäftsgeheimnisse enthalten können, oder

2. zur mündlichen Verhandlung, bei der Geschäftsgeheimnisse offengelegt werden könnten, und zu der Aufzeichnung oder dem Protokoll der mündlichen Verhandlung.

Dies gilt nur, soweit nach Abwägung aller Umstände das Geheimhaltungsinteresse das Recht der Beteiligten auf rechtliches Gehör auch unter Beachtung ihres Rechts auf effektiven Rechtsschutz und ein faires Verfahren übersteigt. Es ist jeweils mindestens einer natürlichen Person jeder Partei und ihren Prozessvertretern oder sonstigen Vertretern Zugang zu gewähren. Im Übrigen bestimmt das Gericht nach freiem Ermessen, welche Anordnungen zur Erreichung des Zwecks erforderlich sind.

(2) Wenn das Gericht Beschränkungen nach Absatz 1 Satz 1 trifft,

1. kann die Öffentlichkeit auf Antrag von der mündlichen Verhandlung ausgeschlossen werden und

2. gilt § 16 Absatz 3 für nicht zugelassene Personen.

(3) Die §§ 16 bis 19 Absatz 1 und 2 gelten entsprechend im Verfahren der Zwangsvollstreckung, wenn das Gericht

der Hauptsache Informationen nach § 16 Absatz 1 als geheimhaltungsbedürftig eingestuft oder zusätzliche Beschränkungen nach Absatz 1 Satz 1 getroffen hat.

§ 20 Verfahren bei Maßnahmen nach den § § 16 bis 19

(1) Das Gericht der Hauptsache kann eine Beschränkung nach § 16 Absatz 1 und § 19 Absatz 1 ab Anhängigkeit des Rechtsstreits anordnen.

(2) Die andere Partei ist spätestens nach Anordnung der Maßnahme vom Gericht zu hören. Das Gericht kann die Maßnahmen nach Anhörung der Parteien aufheben oder abändern.

(3) Die den Antrag nach § 16 Absatz 1 oder § 19 Absatz 1 stellende Partei muss glaubhaft machen, dass es sich bei der streitgegenständlichen Information um ein Geschäftsgeheimnis handelt.

(4) Werden mit dem Antrag oder nach einer Anordnung nach § 16 Absatz 1 oder einer Anordnung nach § 19 Absatz 1 Satz 1 Nummer 1 Schriftstücke und sonstige Unterlagen eingereicht oder vorgelegt, muss die den Antrag stellende Partei diejenigen Ausführungen kennzeichnen, die nach ihrem Vorbringen

Geschäftsgeheimnisse enthalten. Im Fall des § 19 Absatz 1 Satz 1 Nummer 1 muss sie zusätzlich eine Fassung ohne Preisgabe von Geschäftsgeheimnissen vorlegen, die eingesehen werden kann. Wird keine solche um die Geschäftsgeheimnisse reduzierte Fassung vorgelegt, kann das Gericht von der Zustimmung zur Einsichtnahme ausgehen, es sei denn, ihm sind besondere Umstände bekannt, die eine solche Vermutung nicht rechtfertigen.

(5) Das Gericht entscheidet über den Antrag durch Beschluss. Gibt es dem Antrag statt, hat es die Beteiligten auf die Wirkung der Anordnung nach § 16 Absatz 2 und § 18 und Folgen der Zuwiderhandlung nach § 17 hinzuweisen. Beabsichtigt das Gericht die Zurückweisung des Antrags, hat es die den Antrag stellende Partei darauf und auf die Gründe hierfür hinzuweisen und ihr binnen einer zu bestimmenden Frist Gelegenheit zur Stellungnahme zu geben. Die Einstufung als geheimhaltungsbedürftig nach § 16 Absatz 1 und die Anordnung der Beschränkung nach § 19 Absatz 1 können nur gemeinsam mit dem Rechtsmittel in der Hauptsache angefochten werden. Im Übrigen findet die sofortige Beschwerde statt.

(6) Gericht der Hauptsache im Sinne dieses Abschnitts ist

1. das Gericht des ersten Rechtszuges oder

2. das Berufungsgericht, wenn die Hauptsache in der Berufungsinstanz anhängig ist.

§ 21 Bekanntmachung des Urteils

(1) Der obsiegenden Partei einer Geschäftsgeheimnisstreitsache kann auf Antrag in der Urteilsformel die Befugnis zugesprochen werden, das Urteil oder Informationen über das Urteil auf Kosten der unterliegenden Partei öffentlich bekannt zu machen, wenn die obsiegende Partei hierfür ein berechtigtes Interesse darlegt. Form und Umfang der öffentlichen Bekanntmachung werden unter Berücksichtigung der berechtigten Interessen der im Urteil genannten Personen in der Urteilsformel bestimmt.

(2) Bei den Entscheidungen über die öffentliche Bekanntmachung nach Absatz 1 Satz 1 ist insbesondere zu berücksichtigen:

1. der Wert des Geschäftsgeheimnisses,

2. das Verhalten des Rechtsverletzers bei Erlangung, Nutzung oder Offenlegung des Geschäftsgeheimnisses,

3. die Folgen der rechtswidrigen Nutzung oder Offenlegung des Geschäftsgeheimnisses und

4. die Wahrscheinlichkeit einer weiteren rechtswidrigen Nutzung oder Offenlegung des Geschäftsgeheimnisses durch den Rechtsverletzer.

(3) Das Urteil darf erst nach Rechtskraft bekannt gemacht werden, es sei denn, das Gericht bestimmt etwas anderes.

§ 22 Streitwertbegünstigung

(1) Macht bei Geschäftsgeheimnisstreitsachen eine Partei glaubhaft, dass die Belastung mit den Prozesskosten nach dem vollen Streitwert ihre wirtschaftliche Lage erheblich gefährden würde, so kann das Gericht auf ihren Antrag anordnen, dass die Verpflichtung dieser Partei zur Zahlung von Gerichtskosten sich nach dem ihrer Wirtschaftslage angepassten Teil des Streitwerts bemisst.

(2) Die Anordnung nach Absatz 1 bewirkt auch, dass

1. die begünstigte Partei die Gebühren ihres Rechtsanwalts ebenfalls nur nach diesem Teil des Streitwerts zu entrichten hat,

2. die begünstigte Partei, soweit ihr Kosten des Rechtsstreits auferlegt werden oder soweit sie diese übernimmt, die von dem

Gegner entrichteten Gerichtsgebühren und die Gebühren seines Rechtsanwalts nur nach diesem Teil des Streitwerts zu erstatten hat und

3. der Rechtsanwalt der begünstigten Partei seine Gebühren von dem Gegner nach dem für diesen geltenden Streitwert beitreiben kann, soweit die außergerichtlichen Kosten dem Gegner auferlegt oder von ihm übernommen werden.

(3) Der Antrag nach Absatz 1 ist vor der Verhandlung zur Hauptsache zu stellen. Danach ist er nur zulässig, wenn der angenommene oder festgesetzte Streitwert durch das Gericht heraufgesetzt wird. Der Antrag kann vor der Geschäftsstelle des Gerichts zur Niederschrift erklärt werden. Vor der Entscheidung über den Antrag ist der Gegner zu hören.

Abschnitt 4
Strafvorschriften

§ 23 Verletzung von Geschäftsgeheimnissen

(1) Mit Freiheitsstrafe bis zu drei Jahren oder mit Geldstrafe wird bestraft, wer zur Förderung des eigenen oder fremden

Wettbewerbs, aus Eigennutz, zugunsten eines Dritten oder in der Absicht, dem Inhaber eines Unternehmens Schaden zuzufügen,

1. entgegen § 4 Absatz 1 Nummer 1 ein Geschäftsgeheimnis erlangt,

2. entgegen § 4 Absatz 2 Nummer 1 Buchstabe a ein Geschäftsgeheimnis nutzt oder offenlegt oder

3. entgegen § 4 Absatz 2 Nummer 3 als eine bei einem Unternehmen beschäftigte Person ein Geschäftsgeheimnis, das ihr im Rahmen des Beschäftigungsverhältnisses anvertraut worden oder zugänglich geworden ist, während der Geltungsdauer des Beschäftigungsverhältnisses offenlegt.

(2) Ebenso wird bestraft, wer zur Förderung des eigenen oder fremden Wettbewerbs, aus Eigennutz, zugunsten eines Dritten oder in der Absicht, dem Inhaber eines Unternehmens Schaden zuzufügen, ein Geschäftsgeheimnis nutzt oder offenlegt, das er durch eine fremde Handlung nach Absatz 1 Nummer 2 oder Nummer 3 erlangt hat.

(3) Mit Freiheitsstrafe bis zu zwei Jahren oder mit Geldstrafe wird bestraft, wer zur Förderung des eigenen oder fremden Wettbewerbs oder aus Eigennutz entgegen § 4 Absatz 2 Nummer

2 oder Nummer 3 ein Geschäftsgeheimnis, das eine ihm im geschäftlichen Verkehr anvertraute geheime Vorlage oder Vorschrift technischer Art ist, nutzt oder offenlegt.

(4) Mit Freiheitsstrafe bis zu fünf Jahren oder mit Geldstrafe wird bestraft, wer

1. in den Fällen des Absatzes 1 oder des Absatzes 2 gewerbsmäßig handelt,

2. in den Fällen des Absatzes 1 Nummer 2 oder Nummer 3 oder des Absatzes 2 bei der Offenlegung weiß, dass das Geschäftsgeheimnis im Ausland genutzt werden soll, oder

3. in den Fällen des Absatzes 1 Nummer 2 oder des Absatzes 2 das Geschäftsgeheimnis im Ausland nutzt.

(5) Der Versuch ist strafbar.

(6) Beihilfehandlungen einer in § 53 Absatz 1 Satz 1 Nummer 5 der Strafprozessordnung genannten Person sind nicht rechtswidrig, wenn sie sich auf die Entgegennahme, Auswertung oder Veröffentlichung des Geschäftsgeheimnisses beschränken.

(7) § 5 Nummer 7 des Strafgesetzbuches gilt entsprechend. Die § § 30 und 31 des Strafgesetzbuches gelten entsprechend, wenn der Täter zur Förderung des eigenen oder fremden Wettbewerbs

oder aus Eigennutz handelt.

(8) Die Tat wird nur auf Antrag verfolgt, es sei denn, dass die Strafverfolgungsbehörde wegen des besonderen öffentlichen Interesses an der Strafverfolgung ein Einschreiten von Amts wegen für geboten hält.

二、单项请求权审查方法及公式简释

单项请求权审查方法为请求权基础思考方法的核心，因为只有依此法才能查明请求权最终是否可以实现。[1] 缺少单项请求权审查，请求权基础思考方法将成为无源之水。尽管单项请求权审查方法如此重要，但若不将其转化为处理实例的规范化公式，仍难以应对千变万化的实例。因本书的重点并不在此，这里对此仅作简要阐释。

一、单项请求权审查方法

单项请求权审查是对各单项请求权的审查。该审查应覆盖请求权是否发生、消灭以及可否行使各个方面，不能有任何遗漏。按照单项请求权审查所涉及的层级和步骤，可将其分为三阶层六步骤，并可称为"单项请求权审查三阶层六步法"，也

---

[1] Vgl. Brox, Allgemeiner Teil des BGB, 27. Auflage, S.377 ff. Egbert Rumpf-Rometsch, Die Fälle-BGB AT, 1. Auflage, 2003, S. 8 ff.

可简称为"三层六步审查法"。

假设句：假设请求人可向被请求人依据某种规范主张某种请求权。

第一阶层审查：请求权是否发生（×）/（√）[1]

第一步：请求权未发生（×）

  1.请求权规范构成要件未满足

  2.请求权规范构成要件虽满足，但反对性规范构成要件也满足

第二步：请求权发生（√）↓[2]

  3.请求权规范构成要件满足，反对性规范构成要件未满足

第二阶层审查：请求权是否消灭（×）/（√）

第三步：请求权消灭（×）

  4.请求权发生，反对性规范构成要件满足

第四步：请求权未消灭（√）↓

  5.请求权发生，反对性规范构成要件未满足

第三阶层审查：请求权可否行使（×）/（√）

第五步：请求权不可行使（×）

  6.请求权发生，请求权未消灭，消灭时效届满

第六步：请求权可行使（√）

---

[1] "×"表示否定，"√"表示肯定。

[2] "↓"表示进入下一阶层审查。

7.请求权发生,请求权未消灭,消灭时效未届满

结论:请求人可向被请求人依据某种规范主张某种请求权。[1]

---

[1] 为方便读者理解,下附两个示意图,即"单项请求权审查三阶层六步法示意图"和"基于商业秘密侵权发生的请求权审查三阶层六步法示意图",见图4和图5。

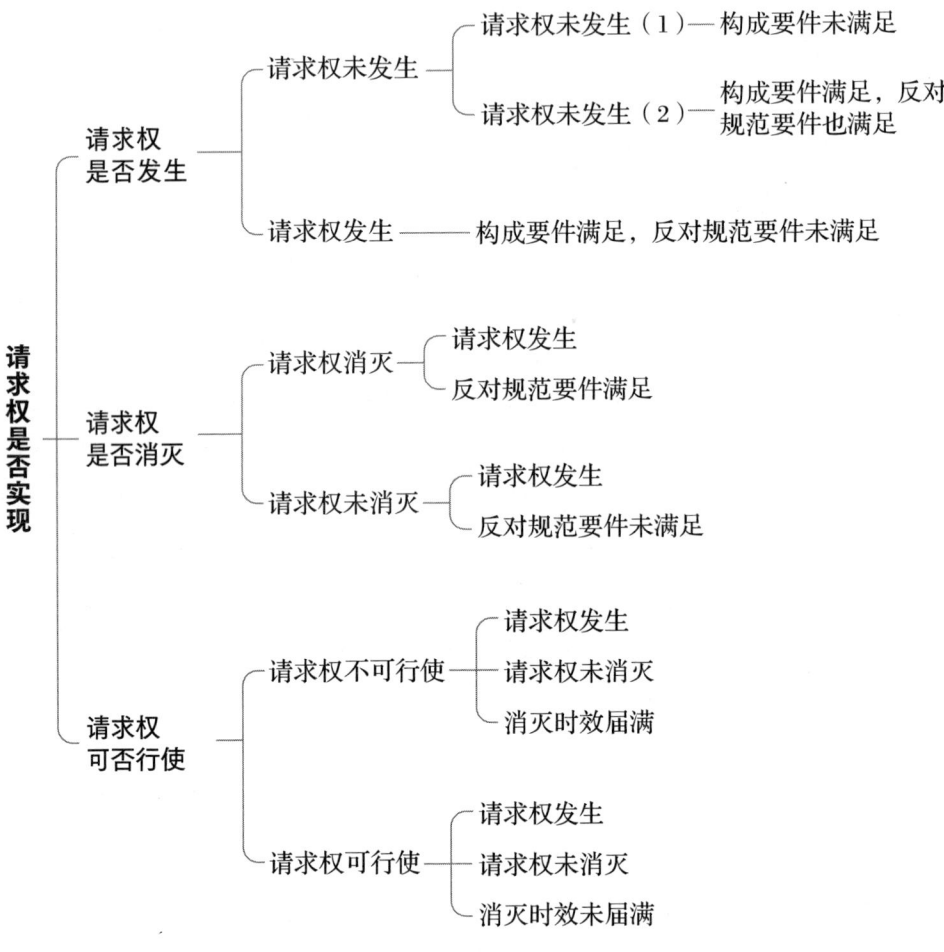

图4 单项请求权审查三阶层六步法

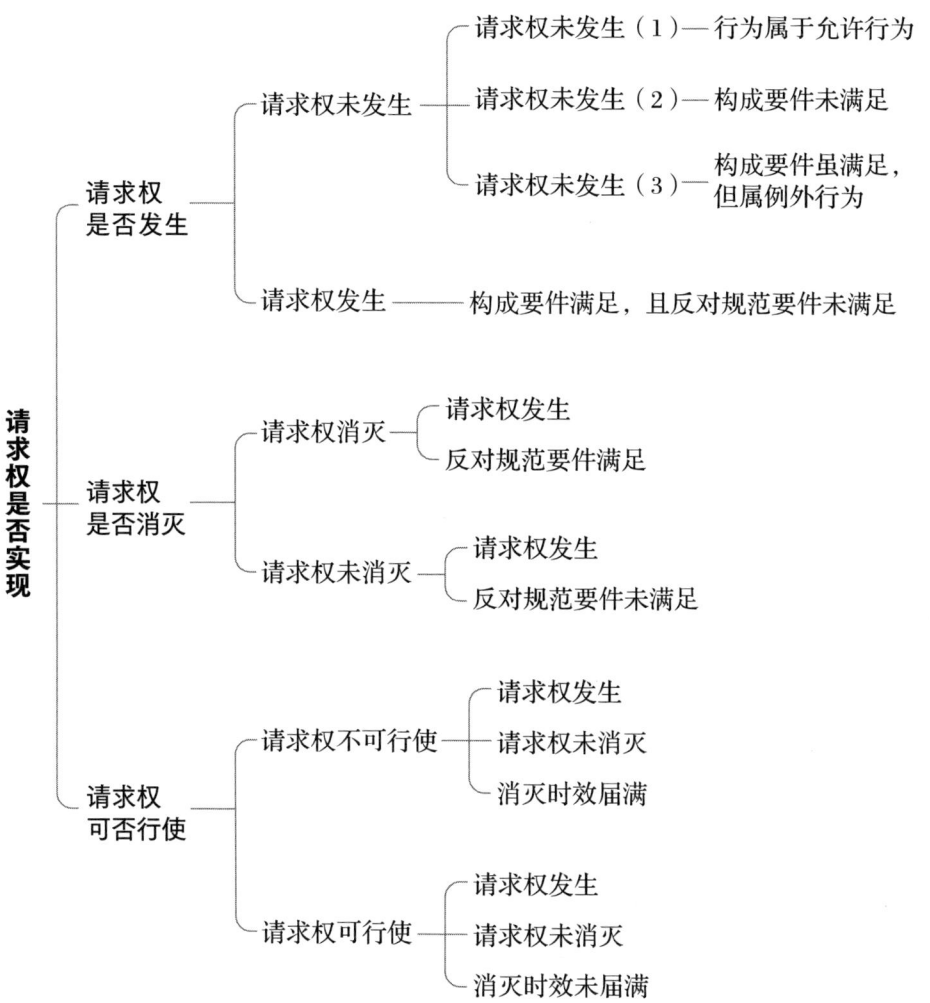

图5 基于商业秘密侵权发生的请求权审查三阶层六步法

二、单项请求权审查公式

此公式系根据德国学术界有关文献整理提炼而形成。[1]如能掌握此公式，足以应对各类可适用请求权的复杂案例。不过，此公式应用于各种请求权审查时，还需作适当调整，特别是合同请求权（Vertragliche Ansprüche）。虽然此公式是针对鉴定体裁而设计的，但其中的思考方法同样适用于判决体裁。[2]以下以德中双语形式展示该公式：

Ⅰ. MEA（Mögliche Erfüllung des Anspruchs）
请求权实现的假设

Ⅱ. V（Voraussetzungen）= EnA + KUA + DA[3]

---

[1] Vgl. Brox, Allgemeiner Teil des BGB, 27. Auflage, S. 369 ff. Wörlen/Schindler, Anleitung zur Lösung von Zivilrechtsfällen, 7. Auflage, S. 8 ff. Medicus, Grundwissen zum Bürgerlichen Recht, 6. Auflage, S. 12 ff.

[2] 鉴定体裁的结构为：假设（即法律效果的假设，德文为Mögliche Rechtsfolge）在前，理由居中，结论（即法律效果的结论，德文为Ergebnis zur Rechtsfolge）在后；判决体裁的结构为：结论在前，理由在后。虽然两种体裁的结构不同，但思考方法在本质上并无不同。Vgl. Wörlen/Schindler, Anleitung zur Lösung von Zivilrechtsfällen, 7. Auflage, S. 12 ff. 参见王泽鉴：《王泽鉴法学全集·第九卷——法律思维与民法实例》，中国政法大学出版社2003年版，第357页，第359页。

[3] EnA = Entstehung des Anspruchs（请求权发生）；KUA = Kein Untergang des Anspruchs（请求权未消灭）；DA = Durchsetzbarkeit des Anspruchs（请求权可行使）。

前提条件：请求权发生、请求权未消灭、请求权可行使

Ⅲ. PV（Prüfung der Voraussetzungen）= PEnA + PKUA + PDA[1]

前提条件的审查：请求权发生、请求权未消灭、请求权可行使的审查

1. PEnA

请求权发生的审查

（1）MEnA（Mögliche Entstehung des Anspruchs）

请求权发生的假设

（2）V = Ab + KrE[2]

前提条件：请求权成立、无阻却抗辩

（3）PV = PAb + PnrE[3]

前提条件的审查：请求权成立、无阻却抗辩的审查

1）PAb

请求权成立的审查

---

[1] PEnA = Prüfung der Entstehung des Anspruchs（请求权发生的审查）；PnuA = Prüfung des nicht untergegangen Anspruchs（请求权未消灭的审查）；PDA = Prüfung der Durchsetzbarkeit des Anspruchs（请求权可行使的审查）。

[2] Ab = Anspruchsbegründung（请求权成立）；KrE = Keine rechtshindernden Einwendungen（无阻却抗辩）。

[3] PAb = Prüfung der Anspruchsbegründung（请求权成立的审查）；PnrE = Prüfung der nicht rechtshindernden Einwendungen（无阻却抗辩的审查）。

① MAb（Mögliche Anspruchsbegründung）

请求权成立的假设

② V

前提条件

③ PV

前提条件的审查

④ EAb（Ergebnis zur Anspruchsbegründung）（×）/（√）

请求权是否成立的结论（×）/（√）

2）PnrE

无阻却抗辩的审查

① MnrE（Möglichkeit der nicht rechtshindernden Einwendungen）

无阻却抗辩的假设

② V

前提条件

③ PV

前提条件的审查

④ EnrE（Ergebnis zur nicht rechtshindernden Einwendungen）（×）/（√）

有无阻却抗辩的结论（×）/（√）

（4）EEnA（Ergebnis zur Entstehung des Anspruchs）（×）/（√）

请求权是否发生的结论（×）/（√）

2. PnuA（Prüfung des nicht untergegangen Anspruchs）

请求权未消灭的审查

（1）MnuA（Möglichkeit des nicht untergegangen Anspruchs）

请求权未消灭的假设

（2）V

前提条件

（3）PV

前提条件的审查

（4）EnuA（Ergebnis zum nicht untergegangen Anspruch）（×）/（√）

请求权是否消灭的结论（×）/（√）

3. PDA（Prüfung der Durchsetzbarkeit des Anspruchs）

请求权可行使的审查

（1）MDA（Mögliche Durchsetzbarkeit des Anspruchs）

请求权可行使的假设

（2）V

前提条件

（3）PV

前提条件的审查

（4）EDA（Ergebnis der Durchsetzbarkeit des Anspruchs）（×）/（√）

请求权可否行使的结论（×）/（√）

Ⅳ. EEA（Ergebnis zur Erfüllung des Anspruchs）（×）/（√）

请求权是否实现的结论（×）/（√）

三、基于请求权基础思考方法的案例解析六步法

按照案例解析所涉及的阶段和步骤,该方法的实施可分为三个阶段六个步骤,故可称为"案例解析三段六步法",简称"案例解析六步法"。此法系根据德文有关法学文献整理提炼而成。[1]在德国,涉及法学方法论及案例解析的文献并不少见,且论述详尽。不过,若想真正把握案例解析的精髓,不仅需要接受全面、冗长的法学教育,还需作长期、系统的专门训练。

案例解析六步法

(一)解题前思考

1. 案例问题的理解与明确(第1步:明确问题)

---

[1] Vgl. Brox, Allgemeiner Teil des BGB, 27. Auflage, S.369 ff. Wörlen/Schindler, Anleitung zur Lösung von Zivilrechtsfällen, 7. Auflage, S. 8 ff. Medicus, Grundwissen zum Bürgerlichen Recht, 6. Auflage, S.12 ff. Diederichsen/Wagner, Die BGB-Klausur, 9. Auflage, S. 20 ff. Pense, KLAUSUR UND HAUSARBEIT, 2003, S. 99 ff.

-请求权方法可适用性的确认（×）/（√）

-考查问题的明确：特定问题/概括性问题（×）/（√）

-案例考查重点的明确：例如，损害赔偿请求权可否实现

2. 辅助方法的适用（第2步：选择辅助方法）

　　-事件脉络

　　-时间/空间脉络

　　-关系图解

　　-重要信息点的关注（地点、时间、主体、客体、内容）

3. 基于请求权关系要素的设问、探寻及假设（第3步：设问、探寻及假设）

（1）基于要素单数的设问、探寻及假设（×）/（√）

① 设问[1]

　　Wer kann von wem was woraus verlangen?

谁→可向谁→依据何种规范→主张何种请求权？

② 探寻

　　-请求人（谁）

　　-被请求人（向谁）

　　-请求权目标（主张何种请求权）

　　-请求权基础（依据何种规范）

③ 假设

---

[1] 此处设问采用4-W设问，系德国法学文献采用的通用设问方式。Vgl. Brox, Allgemeiner Teil des BGB, 27. Auflage, S. 372 f.

德国商业秘密保护法 译注与导读

假设请求人可依据某种请求权规范向被请求人主张某种请求权

（2）基于要素复数的设问、探寻及假设（×）/（√）

① 设问

谁/+ →可向谁/+ →依据何种规范/+ →主张何种请求权/+ ？[1]

② 探寻

  -多个请求人

  -多个被请求人

  -多个请求权目标

  -多项请求权基础

    --审查顺序[2]

    --请求权聚合

    --请求权竞合

------

[1] "+"表示各要素数量的增加。需要注意的是，只要有一个要素为复数，即可设问，并不要求所有要素为复数。

[2] 根据德国学界通说，在一般私法中，请求权的审查顺序为：合同请求权（Vertragliche Ansprüche/Ansprüche aus Vertrag）、类合同请求权（Vertragsähnliche Ansprüche）、物上请求权（Dingliche Ansprüche）、侵权请求权（Deliktische Ansprüche）、不当得利请求权（Bereicherungsrechtliche Ansprüche）、其他请求权（Sonstige Ansprüche）。就作为特别私法的德国《商业秘密保护法》而言，其仅涉及侵权请求权，其下各种请求权的审查顺序可根据本书请求权分类加以安排。Vgl. Brox, Allgemeiner Teil des BGB, 27. Auflage, S.373 ff. Medicus, Grundwissen zum Bürgerlichen Recht, 6. Auflage, S.15 ff. Egbert Rumpf-Rometsch, Die Fälle-BGB AT, 1. Auflage, 2003, S. 246 ff.

③ 假设

假设请求人/+可依据某种请求权规范/+向被请求人/+主张某种请求权/+

4.各单项请求权的审查（第4步：审查各单项请求权）

（1）基于"三层六步审查法"的审查（略）

（2）审查公式的应用（略）

（二）解题大纲的导出（第5步：导出大纲）

（三）案例解答（第6步：解答案例）

四、案例解析六步法示例与训练

一个不能披露的灌装机配件"秘密"

甲是生产普通灌装机及其配件的生产商。乙为甲的前雇员,自2009年5月受雇时起就从事AT-型号普通配件生产及安装调试工作。2019年5月8日,乙受雇于甲的一名客户丙,并从事质量监控工作。丙曾经从甲处购得灌装机,并承诺购进一定数量的AT-型号普通配件。为了实施质量监控,乙仍需使用AT-型号普通配件安装调试数据。甲认为,AT-型号普通配件安装调试数据属于"商业秘密",但乙的新雇主丙却无偿地"获取"了这些数据。同时甲认为,乙违反了双方签订的保密协议,即乙离职后不得披露AT-型号普通配件安装调试数据。2020年5月8日,甲将仍受雇于丙的乙起诉至法院,请求判令乙停止以下行为:未经授权在商业交易中出于竞争目的,将在雇佣关系的背景下所掌握的属于甲的商业秘密"AT-型号普通配件安装调试数据"告知或传授给第三人。乙认为,AT-型号普通配件安装调试数据属于员工在正常工作过程中获得的经验和技能,并不属于商业秘密。根据法院查明的事实,截至案发时在欧洲已经生产的相同型号的配件多达40000件,而在中国生产的相同型号的配件则多达

300000件，这些配件都可以替代AT-型号普通配件安装到甲生产的灌装机上。[1]

问题一：甲是否可以向乙主张停止侵害请求权？

问题二：与上述案情不同，甲自主研发了一款特制灌装机及其BT01-型号特制配件。按照甲乙双方签订的保密协议，乙的保密义务一直延续到雇佣关系终止后两年，并由甲方予以乙适当的经济补偿。离职两年后，乙受雇于丙。此时，丙已经自主研发出与BT01-型号特制配件相同的配件。甲是否因此可以向乙、丙主张停止侵害请求权？

问题三：甲是一款自主研发特制灌装机及其BT01-型号特制配件的生产商，并且甲乙双方签订了保密协议，即"乙的保密义务一直延续到雇佣关系终止后两年，并由甲方予以乙适当的经济补偿"。由于乙在雇佣关系终止后一年将其掌握的BT01-型号特制配件生产及安装数据告知了丙，丙在购得甲的特制灌装机后自己开始生产BT01-型号特制配件，无须再向甲采购。至甲提起诉讼时，甲已因此损失100000欧元。甲是否因此可以向乙主张损害赔偿请求权？

问题四：甲于2019年5月8日通过企业内部监控系统得知乙将生产BT01-型号特制配件的图纸及相关数据以电子邮箱方式发送给丙。一年后，乙离职。2023年5月8日乙受雇于丙，并从事BT01-型号特制配件研发工作。甲得知后，于2023年7月8日提起诉讼，请求判令

---

[1] 此案例系根据德国科隆州劳动法院2019年12月2日第2 SaGa 20/19号判决改编。Vgl. Landesarbeitsgericht Köln, 2 SaGa 20/19.

乙停止以下行为，即未经授权在商业交易中出于竞争目的将在雇佣关系的背景下委托其或其接触到的甲的商业秘密告知或传授给第三人。甲是否可以向乙主张停止侵害请求权？

问题五：如果丙因乙的行为至2024年5月底获利50000欧元，且问题四的其他案情不变，甲可否于2024年6月向丙主张权利？[1]

一、问题一的解析

（一）解题前思考

1. 案例问题的理解与明确

   -请求权方法可适用性的确认（√）

   -考查问题的明确：特定问题，即特定请求权

   -案例考查重点的明确：甲向乙主张的停止侵害请求权可否实现

2. 辅助方法的适用（√）

   -事件脉络

   -时间/空间脉络

   -关系图解：甲（乙的原雇主）→乙（雇员）→丙（乙的现雇主）

---

[1] 此处仅对问题一和问题三作简要解析，问题二、问题四及问题五可供有兴趣的读者作为案例解析训练之用。

-重要信息点的关注（地点、时间、主体、客体、内容）

3. 基于请求权关系要素的设问、探寻及假设

（1）基于要素单数形式的设问、探寻及假设（√）

① 设问

谁→可向谁→依据何种规范→主张何种请求权？

② 探寻

-请求人：甲

-被请求人：乙

-请求权目标：停止侵害请求权

-请求权基础：《商业秘密法》第6条、第2条（辅助规范）[1]

③ 假设

假设甲可依据《商业秘密法》第6条向乙主张停止侵害请求权

（2）基于要素复数形式的设问、探寻及假设（×）

① 设问

谁/+→可向谁/+→依据何种规范/+→主张何种请求权/+？

---

[1] 文中的《商业秘密法》系德国《商业秘密保护法》的简称。

② 探寻

  -多个请求人

  -多个被请求人

  -多个请求权目标

  -多项请求权基础

    --审查顺序

    --请求权聚合

    --请求权竞合

③ 假设

假设请求人/+可依据某种请求权规范/+向被请求人/+主张某种请求权/+

4. 各单项请求权的审查

（1）基于"三层六步审查法"的审查

假设句：假设甲可依据《商业秘密法》第6条向乙主张停止侵害请求权。

第一阶层审查：请求权是否发生（×）/（√）

第一步：请求权未发生（×）

① 请求权规范构成要件未满足（×）

② 请求权规范构成要件虽满足，但反对性规范构成要件也满足

第二步：请求权发生

③ 请求权规范构成要件满足，反对性规范构成要件未满足

第二阶层审查：请求权是否消灭

第三步：请求权消灭

④ 请求权发生，反对性规范构成要件满足

第四步：请求权未消灭

⑤ 请求权发生，反对性规范构成要件未满足

第三阶层审查：请求权可否行使

第五步：请求权不可行使

⑥ 请求权发生，请求权未消灭，消灭时效届满

第六步：请求权可行使

⑦ 请求权发生，请求权未消灭，消灭时效未届满

结论：甲不得依据《商业秘密法》第6条向乙主张停止侵害请求权（×）

（2）审查公式的应用

甲向乙主张的停止侵害请求权

Ⅰ.请求权实现的假设

假设甲可依据《商业秘密法》第6条向乙主张停止侵害请求权

Ⅱ.前提条件：请求权发生、请求权未消灭、请求权可行使

Ⅲ.前提条件的审查

1. 请求权发生的审查

（1）假设请求权发生

（2）前提条件：请求权成立、无阻却抗辩

（3）前提条件的审查

1）请求权成立的审查

①假设请求权成立

②前提条件：该法第4条第2款第3项构成要件须满足

③前提条件的审查

此处前提条件的审查包括：第一步，双方是否签有保密协议。没有签订保密协议，则不能适用第4条第2款第3项。第二步，该保密协议涉及的"商业秘密"是否为《商业秘密法》第2条所界定的商业秘密。如其不属于商业秘密，则停止审查。如果其属于商业秘密，则可进入下一步审查。第三步，乙的行为是否违反了不披露商业秘密义务。

第一步，关于双方是否签有保密协议的审查。根据案情，双方签有保密协议。

第二步，关于该保密协议涉及的"商业秘密"是否为《商业秘密法》所界定的商业秘密的审查。根据该法第2条，商业秘密的构成要件有四个，即秘密性、经济价值性、保密性和正当性。先看案涉"商业秘密"是否具备秘密性。秘密性要求：该信息无论是在整体还是在其各部分的精确排列和组合上，对于通常处理此类信息的所属领域人员来说，不是普遍知悉或不易获得。然而，本案查明的事实是，截至案发时在欧洲已经生产相同型号的配件多达40000件，而在中国生产的相同型号的配件则多达300000件，这些配件都可以替代AT-型号普通配件安装到甲生产的灌装机上。如此巨大规模的生产量表明，AT-型号普通配件安装调试数据已非"不是普遍知悉或不易获得"。因此，甲所说的"商业秘密"并未满足《商业秘密法》第2条的商业秘密第一个构成要件，即缺少秘密性。虽然保密协议成立，但就此并未发生法律效力。请求权审查可到此结束。

第三步，乙的行为是否违反了不披露商业秘密义务（无须审查）。

④请求权是否成立的结论：甲所主张的请求权不成立（×）

2）无阻却抗辩的审查（无须审查）

2. 请求权未消灭的审查（无须审查）

3. 请求权可行使的审查（无须审查）

Ⅳ. 请求权是否实现的结论：甲不得依据第6条向乙主张停止侵害请求权（×）

（二）解题大纲的导出

甲向乙主张的停止侵害请求权

Ⅰ. 假设甲可依据《商业秘密法》第6条向乙主张停止侵害请求权

Ⅱ. 对此须满足请求权发生、未消灭和可行使三个前提条件

Ⅲ. 前提条件的审查

1. 请求权发生的审查

1.1 假设请求权发生

1.2 对此须满足停止侵害请求权成立和无阻却抗辩两个前提条件

1.3 前提条件的审查

1.3.1 请求权的成立

1.3.1.1 假设请求权成立

1.3.1.2 请求权成立的前提条件：第4条第2款第3项的构成要件须满足

1.3.1.3 前提条件的审查

1.3.1.3.1 双方是否签有保密协议（√）

1.3.1.3.2 保密协议涉及的"商业秘密"是否为该法所界定的商业秘密（×）

1.3.1.3.3 乙的行为是否违反了不披露商业秘密义务（无须审查）

1.3.1.4 请求权是否成立的结论：甲所主张的请求权不成立（×）

1.3.2 无阻却抗辩的审查（无须审查）

2. 请求权未消灭的审查（无须审查）

3. 请求权可行使的审查（无须审查）

Ⅳ. 请求权是否实现的结论：甲不得依据该法第6条向乙主张停止侵害请求权（×）

（三）案例解答（略）

二、问题三的解析

（一）解题前思考

1.案例问题的理解与明确

   -请求权方法可适用性的确认（√）

   -考查问题的明确：概括性问题（须进一步明确）＋特定问题

-案例考查重点的明确：甲向乙主张的损害赔偿请求权

　可否实现

2.辅助方法的适用（√）

　-事件脉络

　-时间/空间脉络

　-关系图解：甲（乙的原雇主）→乙（雇员）→丙（灌

　　装机配件生产商）

　-重要信息点的关注（地点、时间、主体、客体、内容）

3.基于请求权关系要素的设问、探寻及假设

（1）基于要素单数的设问、探寻及假设（√）

① 设问

谁→可向谁→依据何种规范→主张何种请求权？

② 探寻

　-请求人：甲

　-被请求人：乙

　-请求权目标：损害赔偿请求权

　-请求权基础：《商业秘密法》第10条第1款、第2条

　　（辅助规范）、第4条第2款第3项

③ 假设

假设甲可依据该法第10条第1款向乙主张损害赔偿请求权。

（2）基于复数要素的设问、探寻及假设（×）

① 设问

谁/+ →得向谁/+ →主张何种请求权/+ →依据何种规范/+？

② 探寻

　-多个请求人

　-多个被请求人

　-多个请求权目标

　-多项请求权基础

　　--审查顺序

　　--请求权聚合

　　--请求权竞合

③ 假设

假设请求人/+可依据某种请求权规范/+向被请求人/+主张某种请求权/+

4. 各单项请求权的审查

（1）基于"三层六步审查法"的审查

假设句：假设甲可依据该法第10条第1款向乙主张损害赔偿请求权

第一阶层审查：请求权是否发生（√）

第一步：请求权未发生

①请求权规范构成要件未满足

②请求权规范构成要件虽满足，但反对性规范构成要件也满足

第二步：请求权发生（√）

③请求权规范构成要件满足，反对性规范构成要件未满足（√）

第二阶层审查：请求权是否消灭

第三步：请求权消灭

④请求权发生，反对性规范构成要件满足

第四步：请求权未消灭（√）

⑤请求权发生，反对性规范构成要件未满足（√）

第三阶层审查：请求权可否行使

第五步：请求权不可行使

⑥请求权发生，请求权未消灭，消灭时效届满

第六步：请求权可行使（√）

⑦请求权发生，请求权未消灭，消灭时效未届满（√）

结论：甲可依据该法第10条第1款向乙主张损害赔偿请求权（√）

（2）审查公式的应用

甲向乙主张的损害赔偿请求权

Ⅰ.请求权实现的假设

假设甲可依据《商业秘密法》第10条第1款向乙主张损害赔偿请求权

Ⅱ.前提条件：请求权产生、请求权未消灭、请求权可行使

Ⅲ.前提条件的审查

1.请求权发生的审查

（1）假设该请求权发生

（2）前提条件：请求权成立、无阻却抗辩

（3）前提条件的审查

1）请求权成立的审查

①假设请求权成立

②前提条件：第10条第1款、第4条第2款第3项构成要件的满足

③前提条件的审查

此处前提条件的审查包括：第一步，双方是否签有保密协议。没有签订保密协议，则不能适用第4条第2款第3项。第二步，该保密协议涉及的"商业秘密"是否为《商业秘密法》第2条所界定的商业秘密。如不属于商业秘密，则停止审查。如果属于商业秘密，则可进入下一步审查。第三步，损害赔偿责任构成要件的审查。

第一步，关于双方是否签有保密协议的审查。根据案情，双方签有保密协议。

第二步，关于该保密协议涉及的"商业秘密"是否为《商业秘密法》所界定的商业秘密的审查。根据第2条，商业秘密的构成要件有四个，即秘密性、经济价值性、保密性和正当性。依据案情，四个要件皆

满足。保密协议成立，且无其他违法内容，协议就此发生法律效力。

第三步，关于损害赔偿责任构成要件的审查。此处须将第10条第1款与第4条第2款第3项结合起来审查，即从责任成立构成要件与责任范围构成要件入手实施审查。

责任成立构成要件：其一，权利须受到侵害。未经甲授权，其商业秘密被披露，其权利受到侵害。其二，须有侵权行为。乙未经授权向丙披露了甲的商业秘密。其三，侵权行为与权利受到侵害之间存在因果关系。乙向丙披露商业秘密的行为与甲权利受到侵害之间存在因果关系。其四，行为须有违法性。乙的行为违反了第4条第2款第3项的规定，行为具有违法性。其五，行为人须有过错。乙未经授权向丙披露了甲的商业秘密，其行为表明其主观上有过错。

责任范围构成要件：其一，须发生损害。由于乙的披露，甲损失100000欧元。其二，权利受到侵害与发生的损害之间存在因果关系。甲的损害系因其权利受到侵害而发生，两者存在因果关系。

④请求权是否成立的结论：甲所主张的请求权成立（√）

2）无阻却抗辩的审查（依据案情，不存在阻却抗辩）

2.请求权未消灭的审查（依据案情，请求权未消灭）

3.请求权可行使的审查（依据案情，请求权可行使）

Ⅳ.请求权是否实现的结论：甲可依据《商业秘密法》第10条第1款向乙主张损害赔偿请求权（√）

（二）解题大纲的导出

甲向乙主张的损害赔偿请求权

Ⅰ.假设甲可依据《商业秘密法》第10条第1款向乙主张损害赔

偿请求权

Ⅱ. 对此须满足请求权发生、未消灭和可行使三个前提条件

Ⅲ. 前提条件的审查

1. 请求权发生的审查

1.1 假设请求权发生

1.2 须满足请求权成立和无阻却抗辩两个前提条件

1.3 前提条件的审查

1.3.1 请求权的成立

1.3.1.1 假设请求权成立

1.3.1.2 请求权成立的前提条件：该法第10条第1款、第4条第2款第3项的构成要件须满足

1.3.1.3 前提条件的审查

1.3.1.3.1 双方是否签有保密协议（√）

1.3.1.3.2 保密协议涉及的"商业秘密"是否为该法所界定的商业秘密（√）

1.3.1.3.3 损害赔偿责任构成要件的审查（√）

1.3.1.4 请求权是否成立的结论：甲所主张的请求权成立（√）

1.3.2 无阻却抗辩的审查（依据案情，不存在阻却抗辩事由）

2. 请求权未消灭的审查（依据案情，请求权未消灭）

3. 请求权可行使的审查（依据案情，请求权可行使）

Ⅳ. 请求权是否实现的结论：甲可依据该法第10条第1款向乙主张损害赔偿请求权（√）

（三）案例解答（略）

五、中德法律术语索引

B

保密的正当利益 ein berechtigtes Interesse an der Geheimhaltung 013

   保密的正当经济利益

      ein berechtigtes wirtschaftliches Interesse an der Geheimhaltung 017

本案法院 Gericht der Hauptsache 085

比例原则 Grundsatzes der Verhältnismäßigkeit 056

   不成比例 Unverhältnismäßigkeit 057

   比例性审查

      Verhältnismäßigkeitsprüfung 057

不易获得 nicht ohne Weiteres zugänglich 013

   易于获得 ohne Weiteres zugänglich 014

C

裁定 Beschluss 085

   批准申请裁定 stattgebender Beschluss 090

   驳回申请裁定 ablehnender Beschluss 090

诚实信用原则 Grundsatz von Treu und Glauben 027

德国商业秘密保护法 译注与导读

E

欧洲议会 Europäisches Parlament 002

欧洲理事会 Europäischer Rat 002

F

反对性规范 Gegennormen 040

    抗辩性规范 Einwendungsnormen 040

非普遍知悉 nicht allgemein bekannt 013

妨害 Beeinträchtigung 043

法律规范 Rechtsnormen 062

    法律行为 Rechtsgeschäften 062

法律效果 Rechtsfolge 062

反向工程 Reverse Engineering 023

附属刑法 Nebenstrafrecht 073

犯罪构成要件 Straftatbestände 081

三阶层犯罪构成体系 dreistufiger Verbrechensaufbau 081

    构成要件该当性/构成要件符合性 Tatbestandsmäßigkeit 081

        客观构成要件 Objektiver Tatbestand 081

        主观构成要件 Subjektiver Tatbestand 081

            故意 Vorsatz 081

            其他主观构成要件要素

                Sonstige subjective Tatbestandsmerkmale 081

    违法性 Rechtswidrigkeit 051

    责任性 Schuld 082

        责任能力 Schuldfähigkeit 082

特殊责任要素 Spezielle Schuldmerkmale 082

责任形式 Schuldform 082

不法意识 Unrechtsbewusstsein 082

道歉理由 Entschuldigungsgründe 082

G

概括构成要件 Auffangtatbestand 027

构成要件 Tatbestand 062

雇员 Arbeitnehmer 023

雇员代表 Arbeitnehmervertretung 023

故意 vorsätzlich 049

 过失 fahrlässig 050

 重大过失 grob fahrlässig 049

H

合法听证 rechtliches Gehör 088

 合法听证的保证 Gewährung rechtlichen Gehörs 088

获取 Erwerb 008

 使用 Nutzung 008

 披露 Offenlegung 008

J

技术诀窍 Know-how 012

技术信息 technologische Informationen 012

经济价值 wirtschaftlicher Wert 012

德国商业秘密保护法 译注与导读

经营秘密 Betriebsgeheimnissen 003

加重处罚情形 strafverschärfende Qualifikationen 079

K

可罚性 Strafbarkeit 028

M

秘密 Geheimnis 017

秘密样品 geheime Vorlage 077

  技术规范 Vorschrift technischer Art 077

秘密载体 Geheimnisträger 025

名誉损害 Ansehensschädigung 053

P

判决主文 Urteilsformel 091

普通法院 ordentliche Gerichte 084

普通消灭时效届满后的返还请求权

  Herausgabeanspruch nach Eintritt der Verjährung 055

普通消灭时效期间

  Verjährungsfrist 055

Q

企业雇员/受雇于企业的人员

  eine bei einem Unternehmen beschäftigte Person 076

企业主责任 Haftung des Inhabers eines Unternehmens 053

第三部分　附录

侵权人　Rechtsverletzer　010

侵权产品　rechtsverletzendes Produkt　010

侵权人责任　Haftung des Rechtsverletzers　050

请求权　Ansprüche　006

 反对请求权　Gegenansprüche　060

 不作为请求权　Unterlassungsanspruch　042

  停止侵害请求权　Verletzungsunterlassungsanspruch　043

  预防性不作为请求权　vorbeugender Unterlassungsanspruch　043

 防御请求权/一般防御请求权

  Abwehransprüche/allgemeine Abwehransprüche　043

 基于侵权发生的请求权　Ansprüche bei Rechtsverletzungen　006

 除去妨害请求权　Beseitigungsanspruch　042

 特别请求权　spezielle Ansprüche　045

 提供资讯请求权　Anspruch auf Auskunft　047

  提供资讯义务　Auskunftspflicht　048

 损害赔偿请求权　Schadensersatzanspruch　049

 主请求权　Hauptansprüche　048

  从请求权　Hilfsanspruch　048

请求权基础　Anspruchchsgrundlagen　039

 请求权规范　Anspruchchsnormen　039

请求权排除　Anspruchsausschluss　056

 请求权规避　Abwendung der Ansprüche　056

 请求权滥用禁止　Missbrauchsverbot　056

 请求权的消灭时效　Anspruchsverjährung　056

请求人　Anspruchsteller　059

203

  被请求人 Anspruchsgegner 060

请求权主张 Geltendmachung der Ansprüche 060

权利辩护 Rechtsverteidigung 060

权利阻却之抗辩/权利障碍的抗辩 Rechtshindernde Einrede 039

  权利消灭之抗辩/权利毁灭的抗辩 Rechtsvernichtende Einrede 039

  权利妨碍之抗辩/权利阻碍的抗辩 Rechtshemmende Einrede 040

S

三重损害计算方法 dreifachen Schadensberechnung 052

上诉 Rechtsmittel 090

  控诉 Berufung 091

  上告 Revision 099

  抗告 Beschwerde 099

    即时抗告 Sofortige Beschwerde 091

    法律抗告 Rechtsbeschwerde 099

商业秘密 Geschäftsgeheimnis 011

商业秘密所有人 Inhaber eines Geschäftsgeheimnisses 010

商业秘密争议案件 Geschäftsgeheimnisstreitsache 006

商业秘密刑事保护 strafrechtlicher Schutz von Geschäftsgeheimnissen 072

商业信息 Geschäftsinformationen 012

释明责任 Last der Glaubhaftmachung 088

  完全确信 volle Überzeugung 089

  稍低程度的确信 geringer Grad von Überzeugung 089

  完全证据 voller Beweis 089

  释明 Glaubhaftmachung 089

事务管辖　sachliche Zuständigkeit　083

　　地域管辖　örtliche Zuständigkeit　083

　　专属管辖　ausschliessliche Zuständigkeit　095

诉讼标的金额的优惠　Streitwertbegünstigung　092

　　诉讼标的金额的降低　Streitwertminderung　093

诉讼费用　Prozesskosten　092

　　法院费用　Gerichtskosten　092

　　律师费用　Gebühren des Rechtsanwalts　093

　　法庭外费用　außergerichtlichen Kosten　093

诉讼基本权利　Verfahrensgrundrechte　135

　　合法听审的权利　Recht auf rechtliches Gehör　135

　　获得有效权利保护的权利　Recht auf effektiven Rechtsschutz　135

　　获得公正审判的权利　Recht auf ein faires Verfahren　135

损害赔偿义务　Schadensersatzpflicht　003

损害赔偿责任　Schadensersatzhaftung　047

W

违反善良风俗之故意损害　Sittenwidrige vorsätzliche Schädigung　003

违法干扰状态　rechtswidriger Störungszustand　043

未遂　Versuch　141

无形财产　immaterielles Gut/immaterielle Güter　012

X

系属　Anhängigkeit des Rechtsstreits　087

　　诉讼系属　Rechtshängigkeit　088

205

消灭时效 Verjährung 061

    取得时效 Ersitzung 061

刑罚规定 Strafvorschriften 003

信息 Information 012

信息载体 Informationsträger 045

Y

言词辩论 mündliche Verhandlung 087

一般公共利益 das allgemeine öffentliche Interesse 034

一般条款 Generalklausel 003

诱使泄密 Verleiten zum Verrat 003

    自愿泄密 Erbieten zum Verrat 003

允许的行为 Erlaubte Handlungen 022

    禁止的行为 Handlungsverbote 022

    例外 Ausnahmen 022

以职业方式实施犯罪行为 gewerbsmäßig handelt 079

Z

正当利益保护 Schutz eines berechtigten Interesses 033

支配权 Herrschaftsrecht 012

秩序措施 Ordnungsmittel 086

    违反秩序罚款 Ordnungsgeld 086

    违反秩序拘留 Ordnungshaft 086

州司法行政部门 Landesjustizverwaltungen 084

作为危险之存在 Bestehen einer Begehungsgefahr 043

六、德文缩写索引

AG	初级法院
	Amtsgericht
BGB	《民法典》
	Bürgerliches Gesetzbuch
BGH	联邦最高普通法院
	Bundesgerichtshof
BverfG	联邦宪法法院
	Bundesverfassungsgericht
DesignG	《外观设计法》
	Gesetz über den rechtlichen Schutz von Design
EMRK	《欧洲人权公约》
	Die Europäische Menschenrechtskonvention
GeschGehG	《商业秘密保护法》
	Gesetz zum Schutz von Geschäftsgeheimnissen

GKG	《诉讼费用法》	Gerichtskostengesetz
GRCh	《欧盟基本权利宪章》	Charta der Grundrechte der Europäischen Union
GVG	《法院组织法》	Gerichtsverfassungsgesetz
LG	州法院	Landgericht
MarkenG	《商标与其他标记保护法》	Gesetz über den Schutz von Marken und sonstigen Kennzeichen
OLG	州高级法院	Oberlandesgericht
PatG	《专利法》	Patentgesetz
StGB	《刑法典》	Strafgesetzbuch
StPO	《刑事诉讼法》	Strafprozeßordnung

UrhG   《著作权与邻接权法》

        Gesetz über Urheberrecht und verwandte Schutzrechte (Urheberrechtsgesetz)

UWG   《反不正当竞争法》

        Gesetz gegen den unlauteren Wettbewerb

ZPO   《民事诉讼法》

        Zivilprozessordnung

后　记

　　以译注导读的方式解读一部国别法，对于作者来说，这还是从未有过的经历。按照原来的设想，打算在一年内完成《德国商业秘密保护法译注与导读》一书的全部撰写工作。然而，一"搭手"[1]，却发现这是一个极具"挑战"的工作。从作者2020年7月开始着手收集文献到2023年12月底完成本书初稿，再加上此后五个月的三遍自校，用时竟达三年十个月之久。那么，"挑战"究竟在哪里？首先，要了解该法的来龙去脉，必须花费大量时间和精力。该法很多规定都与欧盟法律及德国国内其他法律相关，其中德国国内法律不仅涉及《反不正当竞争

---

[1] "搭手"为武林用语，出自《逝去的武林》。原句为"与人较量时，一搭手能把对方的劲改了，这个本领算好的。"参见李仲轩、徐皓峰：《逝去的武林》，人民文学出版社2014年版，第74页。

后 记

法》《民法典》《刑法典》《著作权与邻接权法》等实体法,[1]还包括《民事诉讼法》《诉讼费用法》《刑事诉讼法》《法院组织法》等程序法。[2] 仅上述德国国内法律条文总数即可达4800条,总页数则可达1310页。尽管这些法律加在一起的体量已经惊人地庞大,但随着时代发展每部法律却仍处于不断的修改之中。以德国《反不正当竞争法》为例,从2005年至今,仅较大的修改就有多次。[3] 此外,还涉及大量的立法说明文献。其次,不仅相

---

[1] 德国《反不正当竞争法》共计20条,并有一个附件,总页数为18页;德国《民法典》共计2385条,总页数为471页;德国《刑法典》共计358条,总页数为171页;德国《著作权与邻接权法》共计143条,并有一个附件,总页数为76页。本书已通过相关注释注明了这些法律的出处,此处不再赘述。此说明对下一脚注同样适用。

[2] 德国《民事诉讼法》共计1120条,总页数为241页;德国《诉讼费用法》共计73条,并有两个附件,总页数为88页;德国《刑事诉讼法》共计500条,总页数为196页;德国《法院组织法》共计201条,总页数为49页。

[3] 进入21世纪后,德国《反不正当竞争法》较大的修改有三次。第一次是2004年7月3日;第二次是2010年3月3日;第三次是2019年4月18日。其中第三次修改删除了第17条至第19条的商业秘密保护条款。Vgl. Gesetz zur Umsetzung der Richtlinie (EU) 2016/943 zum Schutz von Geschäftsgeheimnissen vor rechtswidrigem Erwerb sowie rechtswidriger Nutzung und Offenlegung vom 18. April 2019, Bundesgesetzblatt Jahrgang 2019 Teil I Nr. 13, ausgegeben zu Bonn am 25. April 2019.

德国商业秘密保护法　译注与导读

关术语的中文表达随着时代的发展需重新思考，还有一些尚未翻译成中文的术语需斟酌如何表达。前者如"违警拘留""违警罚款"，后者如"Geschäftsgeheimnisstreitsachen"[1]。再次，该法有些表述显得极为"隐晦"、不易理解。如该法第20条第5款第4句涉及的"异议"与第5句提到的"即时抗告"之间的关系，一直困扰作者，始终不得其解。直到进入校对阶段，通过再次查阅文献，并采用从整体领会到局部分析的方法才将其最终"破解"。最后，作者所采用译注加导读的撰写方式也使得写作的工作量成倍增加。这些都充分说明，国别法研究"费时费力"，且成果产出有如内家功夫修炼，是一个慢功夫。尽管如此，作者还是坚持下来了，并且感觉还是较为圆满地完成了预定目标。如果说有什么遗憾，那就是受到撰写目的及结构的制约，本书无法对法律适用及其方法，特别是请求权基础思考方法（也可说"请求权方法"，德文为"Anspruchsmethode"）展开过多的讨论，只能以附录的形式略作阐述。[2] 对此，只能将

---

1 "Geschäftsgeheimnisstreitsachen"这一术语除了在德国《商业秘密保护法》第三章标题中出现过，还在该法第21条和第22条中被使用。

2 细心的读者会在本书多处注释中注意到，作者对此已有简要的说明。此外，如不涉及请求权基础思考方法，对于本书而言，作者总感有所缺憾。故在附录中增加了请求权基础思考方法简释和基于该方法的案例解析示范。

后 记

其留待今后的学术活动中详加解读。

令人欣慰的是，到本书付梓之际，丛书团队的阵容得到了扩大，而且还有新的专家学者表示愿意加入丛书团队。也许在不久的将来，丛书的体量就会达到一定规模。正可谓"长风破浪会有时，直挂云帆济沧海。"[1]

---

1 诗句出自唐代李白的《行路难·其一》。